CELESTE VARNOC
Y EL LIBRO ROJO

Yesica Lorena Rincón Martinez

*Esa sensación de
soledad, angustia y miedo
es algo completamente lógico
para aquellas mentes que sólo
razonan sin mirar más allá.*

CONTENIDO

1
EL LIBRO

Era 1950 cuando nos mudamos a Pensilvania, yo era muy joven cuando llegamos. Mi madre, Rebeca Parteniz era la esposa ideal, ella cumplía los oficios del hogar sin queja ni reclamo alguno, mientras que mi padre Ciro Varnoc se encargaba de traer el dinero a la casa. Realmente éramos una familia completa, de vez en cuando yo escuchaba unas pequeñas discusiones detrás de la puerta, mi madre no podía tener más hijos y mi padre pensaba que ella estaba haciendo algo para no quedar embarazada, claramente mi padre deseaba un varón, un gran hombre que le diera honor a su apellido. En ese entonces mi padre trabajaba en una fábrica, no recuerdo con exactitud cuál era su trabajo en sí, pero era el hombre más infeliz del mundo, odiaba ese trabajo y cuando llegaba a la casa y era la hora de cenar solamente se sentaba en la mesa con la cara desanimada y esos ojos desconcertados como si quisiera salir corriendo y nunca más volver, él nunca dijo nada en la casa, pero solo bastaba con mirar esa sombra de dolor y tristeza que lo perseguía a diario, mi madre trataba de hacerlo muy feliz tenía toda la casa impecable y ni hablar de la presencia que tenía esa mujer, era simplemente hermosa sus ojos cafes irradiaban amor por mi padre, cuando él llegaba a la casa ella lo esperaba dos minutos antes en la entrada con un vaso de agua, él entraba le daba un beso en la boca con los ojos abiertos, tomaba el agua y se sentaba en el sofá, mi madre iba a la cocina por unas toallas y un balde de agua, le quitaba los zapatos, las medias y le arregla los pies a diario, cuando ella termina de arreglarle los pies, mi padre siempre la mira con un poco de agrado, le estendia la mano y se la llevaba a la habitación, le hacia el amor sin nisiquiera desnudarla por completo y cuando terminaba siempre escuchaba esa insípida frase: "espero esta vez sí me puedas dar un hijo varón".

Mi padre se termina de desnudar como de costumbre y se daba un baño, mientras él se bañaba mi madre se colocaba su ropa interior y ponía sus pies contra la pared, recostando su espalda sobre la cama, pasado un minuto, se levantaba lentamente girando su cuerpo a la orilla de la cama, se colocaba de pie, se arreglaba su vestido, ordenaba la cama y se iba para la cocina a terminar de hacer sus quehaceres.

Por otro lado, estaba yo, Celeste Varnoc una joven muy inteligente que destacaba en la lectura, era muy creativa, pero mi madre en algunas ocasiones me escondía de mi padre para que él no le reprochara a ella por no tener un hijo varón, yo sabía que mi padre me amaba en el fondo, pero también tenía claro que en ese entonces era muy importante un varón. Yo me la pasaba en mi habitación la mayoría del tiempo, escribía y leía. Cuando llegaba el verano siempre terminaba de leer todos los libros que tenía en mi habitación, en algunas ocasiones leía el periódico que mi padre dejaba en la mesa de la sala, pero en ese verano ya había leído todos los libros, periódicos y aun el libro de recetas que mi madre tenía en la cocina. Desesperaba por no saber qué más leer, fui a la cocina donde estaba mi madre y le dije que si podíamos ir a la biblioteca, recuerdo que ella me miró y me dijo: "Mi pequeña Celeste ¿acaso ya terminaste todos los libros que tenías?", a lo que yo le respondí que sí, mi madre me dijo que teníamos ir rápido ya que mi padre no tardaría en llegar a la casa, si mal no recuerdo ella tomo su bolso y unos libros que tenía que devolver, así que mi madre tomo mi mano y nos fuimos para la biblioteca, cuando llegamos me dirigí para la sección de libros de historia mientras mi madre se fue a la sección de recetas nuevas y moda.

Mirando todos los libros recuerdo que no sentí mucha curiosidad, así que opte por caminar por los pasadizos de la biblioteca hasta que llegue al fondo, y nunca podré olvidar ese letrero grande de aquella sección que decía en letras grandes *Sección de los malditos,* no sabía de que se trataban esos libros pero sentí mucha intriga por entrar ahí, mientras caminaba, me percate que había una cadena rota que tenía atado un letrero que advertía al público *no pasar*, por lo que, antes de entrar, mire a mi alrededor para cerciorarme de que nadie estuviera cerca, además recordé que cuando entre a la biblioteca me llamó la atención el hecho de que habían pocas personas ese día de manera que tuve la certeza que al entrar a ese pasillo existían pocas posibilidades de ser descubierta. sentía mucho miedo que alguien notara que había ingresado allí, pero estando ahí parada me quede pensando unos cuantos segundos reflexionando, cuando la curiosidad se apodero de mí y entre a esa sección de la biblioteca pasando por debajo de la cadena para no hacer ruido, una vez allí adentro pase mi mano por todos los libros que habían hasta note que había un catálogo de libros etiquetados bajo el género desasosiego, estando allí, recuerdo que toque ese libro de pasta extraña, era de color rojo tome el libro con mi mano derecha y lo saque con cuidado, me di cuenta que aquel ejemplar no era ni muy grueso ni muy delgado y lo que más me llamo la atención es que cuando mire la pasta del libro no había ningún título ni autor, recuerdo que cuando tenía el libro en mis manos sentí que un pequeño escalofrío que recorrio todo mi cuerpo y en ese momento escuche una voz profunda y casi siniestra susurrar mi nombre por lo que inmediatamente me escabullí fuera de esa sección sin darme cuenta que aun tenía aquel libro en mi mano, entonces corrí para alejarme lo más pronto posible, afortunadamente vi a lo lejos que mi madre me estaba buscando y rápidamente me acerque a ella cuando me dijo: "Celeste que haces corriendo en un lugar como este, ven para acá, toma ese libro y vámonos, tu padre no tarda en llegar", fue entonces cuando me percate que en medio de mi confusión me había llevado el libro rojo que estaba ojeando justo antes de escuchar esa horrible voz.

Mientras caminaba junto con mi madre caí en cuenta que todavía podía llevarme otro libro, así que rápidamente di un vistazo a mi alrededor buscando alguna portada que me llamara la atención ahí lo vi, era un libro grande por lo que rápidamente lo ojee y note que era lo suficientemente extenso para poder pasar el verano leyendo, de igual manera me percate que había tomado un libro de historia de los reyes de Inglaterra el cual era un tema que me llamaba la atención en aquel entonces. Mi mamá me pidió que le pasara los dos libros, me miró y me dijo: "Este libro rojo no tiene título, ¿Segura lo quieres llevar?" a lo que respondí: "Sí mamá, quiero esos dos libros" mi madre miró los dos libros, los tomó con su mano, se quedó pensando unos segundos y me dijo: "Sabes que no podemos venir muy seguido a la biblioteca ¿segura solo quieres estos dos libros?" la mire y le dije: "sí mamá, el libro de historia es bastante grande para este verano y el otro libro es para leer antes de irme a dormir" mi madre me miró y me dijo: "Bueno hija, vámonos". Nunca olvidaré que mi madre tomo mis libros y los de ella los colocó sobre la mesa de la bibliotecaria y la bibliotecaria estaba debajo de la mesa buscando algunos papeles y le dijo a mi madre que estaba un poco ocupada y que cuando mi madre volviera a entregar los libros ella los anotaria en el registro de los préstamos, a lo que mi madre agradeció el gesto e inmediatamente tomó los libros con su mano derecha y los colocó debajo de su axila izquierda, y con su mano derecha tomo mi mano y nos despedimos de la bibliotecaria mientras rápidamente abandonamos el lugar, Cuando estábamos llegando a media cuadra de nuestra casa nos dimos cuenta que mi padre ya estaba allí, sentado en las escaleras de la entrada, él tenía su sombrero en la mano y un palillo en la boca su mirada era escalofriante, mi madre me coloco detrás de ella y se sorprendió al verlo y le dijo:"¿Por qué estás ahí?, ¿acaso hoy salieron más temprano de lo habitual? y mi padre le respondió: "Estoy esperando mi vaso con agua, y que mi esposa esté en la casa con todo ordenado para que yo pueda sentirme un poco mejor después de romperme la espalda en la fábrica para poder traer el pan a esta casa"

Estando justo detrás de la espalda de madre vi como sus manos temblaban y una gota de sudor pasaba por su nuca, ella al ver los ojos rojos de mi padre no dejó pasar ni siquiera unos pocos segundos para que reaccionara y le pidiera disculpas, me tomó de la mano y entramos rápido a la casa, ella me ordeno que me fuera para mi cuarto y escondiera los libros. Caminé hacía mi cuarto, pero cuando subía las escaleras me percate de un pequeño agujero que había en la parte inferior del último escalón y me senté a observar todo lo que pasaba, vi como mi madre ordenaba con prisa dos platos sucios que tenía, se colocó un trapo en la boca, como habitualmente lo hacía cuando se sentía ansiosa por alguna situación, lo presionó con sus dientes y solo pude escuchar un pequeño ruido que salió por los orificios que estaban entre sus dientes y el trapo, cuando se quitó el trapo de la boca quedó un poco de pintalabios en el trapo ella no le dio mucha importancia y con ese mismo trapo se secó unas lágrimas que corrieron por sus mejillas tomó el vaso con agua y salió a la puerta.

Mi padre escuchó que mi madre abrió la puerta y se levantó de las escaleras colocando su mano izquierda de soporte para levantar su cuerpo, alzó su cabeza se colocó su sombrero, caminó hacia ella y con rabia le dijo: "Sabe que hoy no quiero agua, no quiero ni siquiera besar esos labios medio pintados y ordénese ese vestido que parece que hiciera algo más en esta casa que ordenar" entró a la casa y aun yo estaba sentada observando y escuchando todo. Mi padre dio tres pasos dentro de la casa jalo a mi mamá de la mano y con su otra mano tomó los dos cachetes de mi madre apretando fuertemente la cara hasta que sus dedos llegaron hasta la boca, se le acercó y le dijo:

"Dónde mierda estabas metida con esa niña en la calle cuando deberías estar aquí, asumo que estaban en esa insolente biblioteca donde cualquiera las puede ver, que van a decir de mí, acaso no le parece un poco inapropiado llevar a esa niña a la calle cuando ni siquiera ha sido capaz de darme un hijo varón que se haga cargo de esta familia cuando yo no esté", sentí mucho miedo, vi en los ojos de mi madre angustia, ella tenía su mano derecha dirigida hacia el piso en forma de puño y con su mano izquierda se sostenía de la pared, vi en mi madre las intenciones más horribles hacia mi padre, pero también pude ver como ella simplemente se soltó de la pared y relajo su cuerpo, sabiendo muy en el fondo que ella no podía hacer absolutamente nada ya que mi padre traía el sustento a nuestro hogar.

Mi padre la miró con desagrado, le escupió la cara y le dijo: "si este año no me das un hijo quiero que tú y esa niña se vayan de mi casa y no me importa cuál sea el destino de ustedes dos me conseguiré una mujer aún más hermosa y joven que tú que me pueda dar hijos y posiblemente con ella seré muy feliz así que es tu maldita decisión", le soltó la cara a mi madre tirándosela de lado y no se què le pudo dar más rabia a mi padre si la forma en la que mi mamá lo miraba o si el hecho de que ella se resistió a llorár en la cara de él, nunca había visto a mi madre tan fuerte frente a mi padre, cuando él volteo su mirada quedo mirando fijamente el agujero por donde yo estaba mirando, sentí como se me erizaba la piel y el corazón me empezó a palpitar con mucha fuerza no me podía mover, no sentía la planta de mis pies y sentí como mis nervios se apoderaban de mi cuerpo poco a poco, pero él solo miro y no dijo nada, cuando apartó su mirada escalofriante tuve fuerzas para levantarme lentamente sin hacer ruido alguno y caminar hacia mi habitación. Escondí los libros y arregle todo el desorden que tenía, sentía miedo de que él subiera y mirara mi habitación, nunca lo había hecho antes pero sentía pánico al pensar que él entrara y me dijera que yo era una indecorosa por mi cuarto o peor aún que me dijera que yo era lo peor que él tenía en esta casa, escuché cómo subió las escaleras y se fue a su cuarto, respire profundo y sentí un gran alivio al saber que no iba a entrar a mi habitación.

Espere a que anocheciera y que mis padres se acostaran a dormir para poder empezar a leer alguno de los libros que había traído, cuando no había más ruido en la casa, tomé mi pequeña linterna, la coloque en una buena posición debajo de mis sábanas y saque el libro rojo. Lo primero que quería saber era el nombre del autor, así que mire todas las partes del libro como la portada, la contraportada, y el lomo pero no encontré nada, así que opte por abrirlo y cuando lo abrí en la primera página había solo una fecha: 1962 pero igualmente no había indicio alguno del autor. En ese punto pensé que el libro era de un anónimo, así que dejé al autor en segundo lugar, me intrigaba que había en el interior de esas páginas ya que era el primer libro sin autor ni homónimo que leía y aparte de eso me daba una fecha errónea en su primera página. Sin más espera empecé a leerlo, cuando iba en la mitad del libro quedé impactada, no sabía que estaba leyendo, sus páginas relatan la historia más escalofriante, en ese instante sentí cómo algo se acercó a la sabana y dio un fuerte suspiro, quedé congelada, no quería seguir leyendo, pero algo en mí no me dejaba parar.

Termine el libro en la madrugada no sé la hora con exactitud pero lo único que me hizo reaccionar fue que mi padre se levantó para ir al baño y al mover mi pie la linterna se apagó, me quede inmóvil, el sudor bajaba por mi espalda, mis manos y mis pies estaban fríos, aun sentía la presencia de algo detrás de las sábanas, después de eso solo puedo recordar que mi mamá abrió mi puerta y me dijo: "Celeste ¿Dónde estás?".

Hay partes de lo que ocurrió en aquel entonces y que mi madre me relato mucho tiempo después de esta pesadilla, ella me contó que levanto las sábanas de mi cama y una ropa que había en el piso al encontrarme en ningún lugar visible fue a buscarme en el armario y el baño, aún sin hallarme volvió a mi habitación, se agachó en el suelo donde miro bajo mi cama, efectivamente yo estaba allí acostada, me contó mi madre que tomó mi mano y me dijo: "Despierta que es todo este desorden acá en tu cuarto hace cuanto no arreglas esta pocilga", al no verme despertar siguió diciendo "¿Por qué estas durmiendo debajo de la cama?" , fue entonces cuando mi madre se quedó mirándome detalladamente y se acercó más a mi e inmediatamente se percató de que tenía la piel sudorosa, los pies fríos, y lo peor de todo, yo no reaccionaba.

Según el relato de mi madre me contó que entró en desesperación, rápidamente me tomó de la mano jalándome fuera de la parte de abajo de mi cama, allí me puso en su pecho mientras me rodeaba con una sábana para luego alzarme con todas las fuerzas que pudo para llevarme al hospital, una vez allí me atendieron y le dijeron a mi madre que tenía una fuerte gripe de la que no tenía que preocuparse mucho de manera que solo me recetaron algunos medicamentos y me dieron de alta para ir a reposar en casa. Pasaron tres días y fui mejorando poco a poco, mi madre me dio los cuidados más adecuados y estuvo al pendiente de mi medicina. Pasado estos días estaba en mi habitación leyendo el libro de historia que había traído de la biblioteca, estaba sentada en una silla con mi libro sobre una mesa, esta mesa estaba en dirección hacia la pared, cuando de repente sentí como si algo me estuviera observando a mis espaldas, así que trate de mirar de reojo y gire mi cabeza lentamente, al no encontrar nada extraño, prefieri cambiar mi posición y pasarme para la cama, pero cuando cayó la noche, mientras leía mi libro de historia sentí como mi cuerpo iba entrando en un sueño profundo, pasaron algunas horas y el reloj marcó las 12 de la noche.

Escuche como "él" subia las escaleras y con su mano fría tocaba la barandilla, sus pies descalzos rondan por el pasillo donde se puede sentir las tablas sumergiéndose por el peso de los huesos que carga ese cuerpo desnudo y que refleja también el peso de sus malas decisiones, llegando al final del pasillo escucho como él toca mi puerta con su mano fría casi esquelética y la abre lentamente, se para en la puerta a observarme por unos pocos minutos, mi corazón se paraliza porque no lo quiero mirar, camina y se puede escucha como inhala y exhala por esos dos orificios que tiene en su cara, asimilando su nariz, se acerca a la cama toma mi cabello negro y me dice con esa voz casi ronca y un olor nauseabundo "! ¡Vera! es hora".

En ese momento me desperté, o eso pensaba, mi corazón latía muy fuerte toque mi cabello y mi frente estaba sudorosa, mis labios estaban secos y mis ojos tenían unas cuantas lágrimas, supuse que fue una pesadilla producto de aquel libro rojo que contaba aquella desgarradora historia, así que me levanté, me acomode y quede sentada en la cama con la espalda junto a la pared, levanté mi cabeza y vi a ese hombre sentado en los pies de la cama, volteo su cara y cuando lo vi no tenía ojos pero si tenía una sonrisa de oreja a oreja, no podía moverme, quede paralizada ante ese panorama. Él tomó mi pie derecho, me quito la media elevo mi pie hasta su boca saco su lengua y la paso por la planta de mi pie y me dijo: "Solo los muertos duermen con medias". Estaba simplemente aterrada, no tenía aliento para moverme, él soltó mi pie, se levantó y se desvaneció frente a mí. En ese instante me desperté de nuevo y lo primero que hice fue mirar la habitación y asesorarme de que él no estuviera ahí, me levanté de la cama, mis pies temblaban fuertemente, salí de mi habitación y me fui a la cocina, me tome un vaso con agua de un sorbo y trate de respirar lentamente me sentí muy aterrada y no podía borrar de mi mente ese aterrador rostro. Me percate que eran las horas de la tarde así que decidí contarle la historia a mi madre, espere sentada en la sala a que volviera a la casa para hablar con ella, pero pasó mucho tiempo y no regresó, así que pensé que tal vez estaría con mi padre en alguna reunión del vecindario, normalmente en verano mi madre y mi padre iban a reuniones con los vecinos. Mientras esperaba a mi madre me preguntaba ¿Por qué tuve esa pesadilla? Al ver que mis padres no llegaban me dirigí a lavar el vaso que acababa de usar y dejarlo en su lugar, después de esto subí directo a mi cuarto sin saber lo que me aguardaba.

2

EL ENCUENTRO

Cuando entre en mi cuarto fue tal la sorpresa con la que me tope que retrocedí tres pasos hacia atrás hasta que sentí que choque contra la pared, fue tal la consternación de lo que pasaba que caí al suelo con mis ojos llorosos y mi mano derecha tapando mi boca intentando sofocar mi expresión, no sabía exactamente qué estaba pasando, mi mente no sabía que pensar en ese momento, trataba de asimilar lo que estaba ocurriendo, pero fue tal el desespero de la situación que me tumbe al suelo de rodillas de nuevo y di un grito desesperado. Al pasar unos segundos decidí levantarme y tratar de entender algo de lo que sucedía, así que lentamente me levanté y me dirigí de nuevo a mi habitación donde vi mi cuerpo postrado sobre mi cama. Como había tenido tantas pesadillas pensé que aun me encontraba atrapada en medio de un mal sueño así que intento hacerme reaccionar pellizcándome y mordiéndome mi brazo, al acercarme a mi cuerpo veo como en mi piel se materializó el mordisco y el pellizco que acababa de hacerme, trate de entender qué es lo que estaba pasando, miré mi cuerpo desconcertada retire la sábana que me estaba cubriendo y me di cuenta de dos cosas, la primera, que no tenía un calcetín y la segunda que en mi mano izquierda estaba el libro rojo.

Tome el libro y lo abrí, en ese momento mi alma se eleva hacia el techo, y quedó encima de mi propio cuerpo, el libro se cierra de un solo golpe, en ese momento me veo a mi misma instantes antes de que toda esta pesadilla empezará, era como si tuviera una visión de mi pasado. En el techo sin poder moverme miro como entro a la habitación y la ordenó muy rápido, recordando que lo hacía por el miedo a mi padre, observo como espere a que cayera la noche para empezar a leer ese libro rojo bajo mis sábanas, en ese mismo instante veo como el aura de una anciana que tenía un aspecto robusto y repugnante se acerca a la sabana, y con un susurro me dijo: "Deja de leer", Pero como el lector recordará, pese a que mis instintos me dijeron que parara hice caso omiso a esto y continue leyendo. Vi como la anciana espero al lado de mi cama hasta que termine de leer el libro, en ese instante note como mi cuerpo se desvaneció y la anciana giro su cabeza 180 grados mirando hacia el techo e inmediatamente me señalo y exclamo con voz ronca: "Maldita seas por haber leído esa historia", en ese instante quede completamente anonadada y me dì cuenta de que todo este tiempo he estado postrada en mi cama era mi alma la que divagaba en la casa, mientras tanto, la anciana se elevó quedando cara a cara conmigo en el techo de la habitación levanto su mano y la puso sobre mis ojos en ese momento me mostro que en ningún momento desperté como recordaba, por el contrario vì como mi madre me encontró debajo de la cama, vio que mi cuerpo no reaccionaba por lo que emprendio camino hacia el hospital conmigo en sus brazos, en el hospital dure tres días hasta que me diagnosticaron con una lesión cerebral que me dejo en estado de coma, al tercer día mis padres me trajeron a casa, en ese momento, la anciana quito la mano de mis ojos, puso su mano en mi boca para abrirla mientras ella abria su boca frente a la mia, si bien no pude ver que estaba pasando empiezo a sentir como algo empieza a caminar sobre mi lengua pero noto que alrededor del rostro de la anciana empiezan a emerger cucarachas por lo que comprendo que es eso lo que siento entrar por mi boca, siento como cada insecto entra por mi boca y descienden hasta mi estómago, justo en ese momento entro mi padre a la habitación, la anciana lo observa y se desvanece y yo caigo al suelo.

Mi padre entra lentamente con una expresión de tristeza y se sienta al lado de la cama, toma mi mano mientras se acerca a mi oído para decirme: "Hija sé que yo nunca te di el trato que te merecías y sé que nunca fui un buen padre contigo, no sè que te paso, ni porque entraste en este estado de coma, pero si me puedes escuchar te pido disculpas, aún recuerdo cuando estabas detrás de ese agujero de las escaleras el día que le dije a tu madre que si no me daba un hijo varón las iba a sacar de la casa, quiero pedirte perdón por esas palabras sè que no te lo digo muy seguido, pero cuando tu naciste fui muy feliz, tal vez soy un poco duro de corazón, sin embargo, tú eres mi única hija y espero pronto te levantes de esa cama".

Mientras tanto yo simplemente pude escuchar y ver como mi padre tomaba mi mano y me daba un beso en la frente, se levantó de la cama, caminó hacía la puerta y antes de cerrarla me miró y dijo: "Espero te levantes pronto, te amo hija".

Cerró esa puerta vieja mientras yo estaba en silencio, aún me retumban los oídos por esos tornillos viejos y oxidados, esas tablas antiguas que cada que alguien da un paso es como si se fuera a derrumbar la casa, quería abrazar a mi padre y decirle que me sacara de acá. Quería que él supiera que yo también lo amaba y lo respetaba mucho, que lo perdonaba a pesar de las peleas o las palabras que le decía a mi mamá, nunca me sentí tan vacía como ese día, me quedé sentada en el borde de la cama, al lado de mi cuerpo, no se cuantos días pasaron, pero veía como entraba mi madre, mi padre y algunos vecinos y me dejaban rosas y cartas, todos los días aún sin aliento con esas simple ganas de morir había algo en mí que me decía que no era el final.

3

EMILIANA

Deje todos mis pensamientos a un lado, me levanté de la cama con las pocas fuerzas que me quedaban, y decidí volver a leer ese libro, tome el libro que estaba en mi mano derecha, lo abrí y vi nuevamente esa fecha "1962" pase a la siguiente hoja y decía:

Mi nombre es Vera Sarcotinez y les haré entender lo que realmente es el miedo, tengo 70 años y he estado encerrada en esta pocilga de mala muerte con estas sucias ratas y cucarachas, aunque todos me dicen que es el mejor lugar para que alguien como yo pase el resto de mis días por lo que no debía aspirar a nada más, pues hoy les digo que se van arrepentir de haberme metido acá y abandonarme, todos se darán cuenta que cometieron el peor error de sus vidas.

Cuando tenía 20 años quede embarazada de mi primera hija Emiliana, era 1760, mi parto fue en la casa de una vecina cercana, todo fue muy rápido, la verdad no recuerdo como llegue a la casa de mi vecina, lo único que puedo recordar con exactitud fue cuando sostuve a Emiliana en mis brazos y vi esos enormes ojos azules sentí el amor más profundo del mundo, quería estar con ella y no separarme, Cipriano entró a la habitación, cuando me miro yo pude ver en sus ojos que él me amaba, yo era la luz de él, a él no le importaba nada en esta vida mas que yo. Una vez dentro de la habitación me abrazo, tomo a Emiliana en sus brazos la besó y dijo que era su pequeña y hermosa bebe, después del parto esperamos unas cuantas horas en la casa de mi vecina y cuando ya me sentía bien nos fuimos para la casa y todo era perfecto, él me cuidaba y me consentía, me daba todo lo que yo quería, me compraba toda la ropa que yo necesitaba y como me engorde un poco por el embarazo a él no le dio mucha importancia y me compraba las tallas perfectas para que yo no me sintiera mal, me cuidaba en la alimentación y me daba todas las atenciones necesarias para que yo no me sintiera sola en el proceso de crianza.

Con el tiempo Emiliana creció y empezó a cambiar ya no era mi pequeña bebe, no me hacía caso, se mordía y se daba golpes en el cuerpo, esperaba a que llegara Cirpiano y le decía que yo le pegaba, con el paso del tiempo Cipriano empezó a cambiar de actitud conmigo, tanto que un dia llego con muy mala actitud a la casa y Emiliana le dijo que yo la había golpeado así que él entró furioso al cuarto, me tomo del cabello y me golpeó duramente, me tiro por las escaleras y al verme en el piso me dio una patada justo en el estómago para después levantarme de un brazo y encerrarme en el sótano.

No podía creerlo, no podía concebir que mi hija dijera tantas mentiras para manipular a mi esposo y que él actuara de esa manera, dure dos días en el sótano sin agua y sin comida, me llene de mucha rabia y gritaba desesperadamente para que alguien me ayudara, llegó la noche y Cipriano me sacó del sótano, me llevó a la cocina me dio agua y comida, me pidió disculpas, se sentó conmigo en la mesa y me dijo que ya no quería que yo le pegara a Emiliana así que pasaron unas semanas y todo estaba tranquilo. En la casa trataba de no mirar, ni hablarle a mi propia hija pero me di cuenta que ella estaba muy ausente, asi que un dia decidi acercarme a ella y decirle que cual era su problema que me hablara quería saber por qué me tenía rabia, a lo que ella respondió que sentía celos de que su padre me diera muchas cosas, sentí miedo porque nunca llegué a imaginar que mi hija sintiera algo como eso por su padre, me dio rabia porque sentí que no le había dado una buena crianza a mi hija por mucho tiempo, así que no respondí nada y la deje tranquila, me dirigí para la cocina y mientras lavaba la loza pensaba en cómo deshacerme de ella.

De manera que ejecute mi plan, espere a que llegara Cipriano a casa y le dije que Emiliana me había preguntado si podía salir el dia siguiente con una amiga y que yo le había dicho que lo consultaria con su padre para tomar una decisión, así que le pregunté: "¿Qué piensas?" a lo que él respondió: "sí, creo que no tengo problema con que salga un rato con sus amigas".

Al día siguiente, cuando Cipriano se fue a su trabajo, entre al cuarto de Emiliana, ella estaba dormida, tenía un pie por fuera de la cama y su mano derecha estaba encima de su mano izquierda, yo estaba parada en la puerta pensando en cómo me podría deshacer de ella sin que su padre se diera cuenta y en ese momento me acordé de mis hermosos cerdos, estaban en la parte trasera de la casa y hace algunos dias no les daba de comer, así que sonreí y me sentí muy feliz al saber que ya les iba a dar una muy buena comida al mismo tiempo que borraban toda evidencia, asi que cerre la puerta, me fui a mi habitación, saqué unas botas, un pantalón viejo que tenía Cipriano y una camisa, fui a la cocina me cambien de ropa y coloque mi vestido sobre una silla alta que estaba al lado de la puerta trasera, me acerque y mire por la ventana de la puerta que no hubiera ningún vecino, abrí la puerta trasera de la casa y salude a mis cerdos y les dije en voz baja: "Hoy tendran su festin, espero no me fallen", deje la puerta medio abierta y fui nuevamente al cuarto de Emiliana.

Mientras caminaba y subía las escaleras pensaba en cómo dársela de comer a los cerdos, la verdad no quería que llegara a dejar un rastro de sangre en su habitación porque cualquier indicio levantaría sospechas, así que se me ocurrió repentinamente. Cuando llegué al cuarto de Emiliana, ella aun dormía, así que tomé una almohada y la coloque en su cara, Emiliana se despertó y me dio una patada en el estómago en la misma parte donde su padre me había pegado semanas atrás, esto me recrudeció aún más el temperamento de manera que le quite la almohada y rodee su cuello con mis manos, sentí como mis dedos se hundían y llegaban hasta su tráquea, sentí una sensación de extrema satisfacción al ver cómo sus ojos rojos y llorosos se les escapaba la vida, sus manos se ponían cada vez más débiles y sus pies ya no se movían, cerró sus ojos y dejo de pelear; tome el cuerpo y lo deje un par de minutos en el suelo, yo estaba parada al lado del cuerpo me quedé mirando a Emiliana y empecé a retirarle todas sus prendas, cuando ya no tenía ropa me di cuenta que su pecho aún se movía, así que acerqué mi mano a su nariz y me percate de que ella aun respiraba.

Salí de la habitación, corrí por el pasillo, baje las escaleras y entré a la cocina, ahí abrí el segundo cajón de la mesa y saqué el cuchillo que usaba para las carnes para dejarlo listo sobre la mesa, inmediatamente me devolví para la habitación, tome a Emiliana de un brazo y la tiré por las escaleras, Emiliana no reaccionaba pero aún respiraba. Le di tres patadas, una en la cabeza y dos en el estómago, la empuje aún con los pies y la arrastre de su mano derecha hasta la puerta del sótano. Abrí la puerta del sótano tome a Emiliana de sus brazos y la lancé con fuerza, su cuerpo cayó en el piso del sótano, me quede en la puerta mirándola y me sentí muy feliz, en ese momento sonreí un poco, realmente estaba disfrutando esto, deje el cuerpo en el sótano y me fuí para mi habitación nuevamente, busque en toda mi ropa y encontré un vestido viejo, era perfecto para la ocasión, tomé el vestido, baje las escaleras, llegue a la cocina y agarre el cuchillo que había dejado sobre la mesa, allí tomé rumbo tranquila para el sótano, cerré la puerta, baje lentamente las escaleras y cuando mire el cuerpo de Emiliana coloque mi cabeza sobre su pecho y escuche su corazón latir lentamente, sin darle mucha importancia acomode el vestido viejo en el suelo y coloque el cuerpo de Emiliana encima del vestido y empecé a desmembrarla, comencé por los brazos luego las piernas y deje de ultimo la cabeza.

A medida de que iba cortando e iba acomodando todo en el vestido tratando de no dejar mucha sangre en el piso, trataba de hacer las cosas lo mejor posible para que nadie se diera cuenta de lo que yo estaba haciendo, cuando termine de cortar todo el cuerpo y acomodarlo, tome con cuidado el vestido y empecé a envolverlo con mucha precaución para que la sangre no se derramara tanto, lo levanté y me di cuenta que estaba dejando marcas de sangre en el piso, asi que tenia que sacar rápido el cuerpo de ahí, también logré percatarme que había un pequeño agujero en la parte de abajo donde goteaba un poco de sangre y por donde se salía un dedo de Emiliana, coloque el vestido nuevamente en el piso y con el cuchillo corte el dedo. Puse mis dedos dentro del vestido haciendo presión a la mano de Emiliana para que no se saliera nada mas, acomodé todo y en ese pequeño orificio hice un nudo diminuto, tome el dedo y lo guarde en mi pecho.

Agarre el vestido con mis dos manos y subí las escaleras, en el último escalón dejé que el vestido reposara en el piso junto con el cuerpo de Emiliana, abrí cuidadosamente la puerta mire que Cipriano no había llegado y me acerque a la parte trasera de la casa, me percate de que no hubieran vecinos mirándome y me devolví. Agarre nuevamente el vestido y camine de la puerta del sótano a la puerta trasera de la casa, cuando llegue donde estaban los cerdos desenvolvi el vestido y les eche el cuerpo de Emiliana a aquellas diez nobles criaturas que tenía en la parte trasera de la casa, los cerdos salieron corriendo al ver que tenían comida y empezaron a comerse rápidamente todo el cuerpo de quien alguna vez fue mi hija.

Me sentía muy tranquila, ya me faltaba poco para que todo esto llegara a su fin, al lado de la cerca de los cerdos había un pequeño hoyo donde votamos los desechos de la casa, y ese hoyo era perfecto para botar toda la evidencia, así que camine por el lodo y llegue al hoyo donde vote el vestido lleno de sangre de

Emiliana. Me devolví para la casa y me quite los zapatos llenos de barro y en ese momento fui a la cocina a mirar la hora en ese reloj viejo que tenía colgado en la pared, me di cuenta que por la hora era probable que Cipriano llegará pronto a la casa, por lo que sabía que el tiempo apremiaba, baje al sótano con un balde lleno de agua, jabón, y una toalla. Limpie la poca sangre que había en el piso y subí nuevamente, vacíe el balde en el baño que queda en la parte de abajo de la casa, lave el trapo lo coloque a secar y subí las escaleras con prisa, llegué al cuarto de Emiliana busqué una valija pequeña en donde coloque un par de libros, un vestido y su juguete favorito que era un oso mandado a confeccionar por su padre Cipriano para cuando cumpliera su primer año de vida.

Baje las escaleras llegue hasta la puerta trasera de la casa y me coloque nuevamente los zapatos camine por el lodo y enterré la maleta en ese hoyo, tome la pala que estaba al lado del cochinero y cabe un nuevo hoyo para la basura de la casa, y no deje rastro de nada, estaba haciendo mucha calor en ese verano y el sudor corría por mi frente y mis manos, me acerque a los cerdos y me di cuenta que se habían comido todo el cuerpo de Emiliana hasta los huesos, quedaba algo de cabello entre el lodo así que entre al cochinero y empecé a enterrar todos los restos que quedaban, cuando termine me fui para la casa y deje los zapatos afuera; fui a la cocina me lave las manos la cara, volví al cuarto de Emiliana, arregle todo el cuarto de ella le acomode la cama, la ropa, ordene unos libros que tenía en el suelo, entre a mi habitación y me cambie toda la ropa, me ordene mi cabello, me maquille y tome la ropa sucia, la ropa con la que habia matado a Emiliana, sali del cuarto baje las escaleras y bote esa ropa en el nuevo hoyo que habia echo cerca a la puerta trasera de la casa, fui a la cocina y empecé a preparar un poco de comida para Cipriano. En esos momentos necesitaba actuar de la mejor manera, cuando Cipriano llegara, tenía que hacer un gran show porque Emiliana no estaba en la casa, necesitaba llorar sinceramente, antes de que Cipriano llegará a la casa él tenía que verme muy mal, claro con la comida ya hecha y toda la casa ordenada.

Cuando Cipriano llegó a la casa y me miró llorando me miro extrañado y me preguntó qué pasaba, yo estaba desesperada llorando y le dije que Emiliana no había llegado a la casa, que había salido en las horas de la tarde y que no aparecía, él me dijo que buscara a la amiga con la que se había ido y que él iba a ir a buscar a la policía. Cipriano salió de la casa desesperado y yo me sequé las lágrimas, apague la leña donde estaba cocinando y me acordé que el vestido estaba en la parte trasera de la casa lleno de sangre, así que tome un poco de palos quemados que tenía en la casa y los bote en el nuevo hoyo tapando el vestido y me fui para la casa de la amiga de Emiliana. Mientras caminaba me sentía muy satisfecha por todo lo que había pasado, no podía creer que ya me había quitado ese problema de encima, a partir de ahora ya nada se impondría entre mi matrimonio con Cipriano. Cuando llegue a la casa de la amiga de Emiliana toque a la puerta y me abrió la madre de aquella, yo la salude en medio de mis lágrimas falsas y le dije: "le quería preguntar si mi hija aun sigue en su casa" a lo que la señora me dijo que su hija no se había visto hoy con nadie, así que le pregunte que si hoy no tenían planes de salir con mi hija Emiliana a lo que ella respondió que no porque esos días su hija había estado enferma y que por lo tanto no existía forma en que ellas se hubieran comunicado. Me desesperé y empecé a llorar con mayor intensidad en la puerta de la casa de la señora y le dije que mi hija se había perdido, que me había mentido por lo que no sabia donde estaba, la señora trataba de consolarme y me dijo que pasara a la casa y que me calmara.

Por otro lado, Cipriano estaba con la guardia de la ciudad, para ver si le podían prestar ayuda en la búsqueda de nuestra hija. Mientras tanto, yo me tome un vaso con agua en la casa de la señora y le mencione que me tenía que irme para mi casa a esperar a mi esposo Cipriano que estaba buscando ayuda, la señora se ofreció acompañarme pero yo me negué diciendo que podía manejarme por mis propios medios y más sabiendo que debía ser fuerte por mi hija, le di las gracias por toda la hospitalidad y me fui para mi casa, mientras caminaba pensaba en mi vida feliz al lado de Cipriano sin aquella maldita Emiliana, sonreí y camine con elegancia por la calle.

Cuando llegue a la casa me di cuenta por una ventana principal que Cipriano estaba con unos policías en la sala, así que antes de entrar empecé a llorar, entre a la casa desconsolada y abrace a Cipriano, le dije que Emiliana nunca había salido con la amiga, que me había mentido quien sabe para que, estando en los brazos de Cipriano, él me dijo que me calmara y que los alguaciles nos iban a ayudar con la desaparición de Emiliana, mientras me preguntaron qué ropa tenía mi hija y como era ella físicamente en el momento de la desaparición, me hicieron varias preguntas y yo respondí todo, de forma coherente sin dejar dudas sobre mi.

A las pocas horas llegaron más soldados encargados para la búsqueda y cuando fui abrirles, sentí que algo se estaba deslizando por mi pecho y me acordé del dedo de Emiliana, le abrí la puerta a los policías y me acerque a Cipriano le dije que necesitaba ir al cuarto de baño con urgencia, subí las escaleras y entré, allí saqué el dedo de Emiliana de mi pecho, envolví el dedo en un pañuelo y lo coloque detrás de un cuadro que tenía en el baño, me limpie la poca sangre que tenía en el pecho y salí del baño a buscar otro pañuelo para limpiar mis lágrimas, e inicie mi actuación nuevamente. Estaba muy mal porque no sabía donde estaba mi hija, asi que corri a los brazos de mi esposo y llore, los soldados dijeron que harían lo posible para hallar a nuestra Emiliana, revisaron toda la casa, la habitación de ella y me interrogaron varias veces, después de varias horas se fueron de la casa nos dijeron que buscarían a Emiliana, pero que si nosotros encontrábamos alguna información debemos de acudir a con el alguacil para que nos dijera cómo proceder.

Después de eso Cipriano y yo hablamos un poco en la sala, mientras estábamos hablando él se percató del vestido que yo había dejado en la silla al lado de la puerta trasera por lo que me pregunto sobre el mismo y solo le respondí que estaba demasiado viejo por lo que lo tiraria, de manera no le presto mucha atención, al final del día, tras haber estado llorando desconsoladamente nos acostamos a dormir, cuando Cipriano estaba profundo yo me levante fui al baño saque el dedo detrás del cuadro, fui a la habitación de Emiliana y guarde el dedo en un agujero que había en la pared, le coloque un poco de arcilla y lo tape bien.

Pasó más de un mes y medio y aun no nos daban respuesta de la desaparición de Emiliana, obviamente yo lloraba todos los días y empecé ir a grupos de asistencia religiosa que se ofrecieron acompañarme durante todo este tiempo. En algunas ocasiones me sentía mal por el fin tan cruel de Emiliana, pero era consciente de que ella necesitaba ese fin así que dejaba eso en el pasado, mientras asistía a estos grupos de la iglesia mostré ante la gente que tenía una mejoría y empecé a cambiar mi actitud. claramente nunca deje atrás la esperanza frente a todos de encontrar a aquella que alguna vez fue mi hija.

Pasaron cinco años y yo nunca cambie la habitación de Emiliana, hasta que un dia iba caminando por el pasillo de la casa, me dio curiosidad y abrí la puerta de la habitación de Emiliana, allí la vi acostada en la cama, no sentí miedo porque sabía que parte de ella vivía en la casa, cerré la puerta y por la noche le dije a Cipriano que iba a cambiar toda la habitación de Emiliana, que iba a poner todo en el sótano para no sentir la ausencia de ella, porque no quería vivir más así con toda esa tristeza en mi corazón, como Cipriano me amaba demasiado me dijo que si.

Al día siguiente entré a la habitación nuevamente y vi a Emiliana pero esta vez estaba sentada en la cama, yo entré haciendo caso omiso a su presencia y empecé a sacar todas las cosas de ella. Note que me miraba con ira en sus ojos, tenía el oso en sus manos, estaba desnuda, había manchas de sangre por todo el cuerpo y su cabello estaba desordenado, sentí un poco de lastima al verla así, pero sin embargo seguí sacando todas las cosas de la habitación, lo único que deje fue la cama desarmada en el piso y el colchón de paja lo arroje.

APARICIONES

Durante los siguientes cuatro años su presencia permaneció acechándome en todo momento, en diferentes partes de la casa, se paraba en la puerta a observar cómo yo me maquillaba y me peinada, cuando hacía el amor con Cipriano la podía ver parada en la pared abrazando su oso. En muchas ocasiones me daba miedo pasar por el pasillo, caminar y llegar a la cocina por un vaso de agua y saber que ella estaba ahí parada en alguna parte, a tal punto que llegó un momento en el que decidí hablar con mi esposo para mudarnos. Esperé a que llegara y me senté a hablar con él en la mesa, le dije que sentía la presencia de Emiliana en la casa, agache mi cabeza, lloré y dije eso me estaba afectando mucho.

Cipriano me miró, me abrazó y me dijo que a él también le afectaba mucho que Emilliana no estuviera en la casa, respiramos un poco y me dijo que esperamos al próximo mes para ver si poníamos la propiedad en venta. Me sentí un poco aliviada al saber que íbamos a dejar esta casa junto a todo en el pasado y seguir. En las siguientes dos semanas deje de ver a Emiliana me sentía más tranquila y relajada en la casa, pero no pasó mucho tiempo para que algo en mi empezará a cambiar, empecé a subir de peso y me sentía mareada, un día me desperté muy en la madrugada por un fuerte dolor en mi estomago, levante a Cipriano y le dije que me sentía mal, Cipriano se levantó rápidamente caminó alrededor de la cama me toco la cara y se dio cuenta que estaba sudorosa, prendió una vela alumbró mi cuerpo y vio sangre, me quito las sabanas y se dio cuenta que había muchísima sangre en la cama alrededor de mis piernas, me dijo que me calmara y salió corriendo de la casa, pasaron unos cuantos minutos y Cipirno volvió a la casa con una mujer, cuando llegaron al cuarto me di cuenta que era una vecina, ella se acerco a mi y me toco el estomago, me hizo un poco de presión y me dijo que estaba en proceso de parto, ella me dijo que no me preocupara que ella era partera y que ella habia sido la misma mujer que me ayudo a tener a Emiliana, me quede sorprendida realmente habia olvidado a esta mujer. Ella me tomó de la mano mientras me dijo que todo saldría bien y le dijo a Cipriano que trajera, unas toallas y un balde con agua, Cipriano corrió a la cocina tomó el balde con agua con algunos trapos y llegó a la habitación con todo.

Mientras tanto, yo estaba en proceso de parto, no lo podía creer cómo demonios iba a estar embarazada otra vez, mientras pujaba pensaba muchas cosas y hay fue cuando la partera me dijo: "ya salio, nació una niña", pude escuchar su primer llanto y mi alma se estremeció, en ese momento lloré de alegría mientras Cipriano estaba en el pasillo de la habitación, la partera colocó a la niña en mi pecho y me dijo: "aca esta tu hermosa bebe". Mientras sostenía a la bebe en mis brazos me decía a mi misma que esta vez todo iba hacer diferente y que le daría una oportunidad a mi hija de ser feliz, la partera arreglo todo en la habitación y salió, miró a Cipriano en el pasillo y le dijo que ya podía pasar, yo coloque a la bebe al lado mío y cuando Cipriano entró a la habitación me sentí muy alegre, lo abrace y le dije que la vida nos había dado una segunda oportunidad. Los dos lloramos, nos abrazamos, nos dimos un gran beso y nos prometimos cuidar a esa bebe con todo nuestro corazón, claro está que yo quería que ella fuera diferente a Emiliana, esta vez iba hacer bien las cosas, iba a criar bien a mi hija para que no tenga el mismo fin que su hermana.

Después de que la partera arreglara todo se despidió de nosotros y Cipriano la acompañó a la puerta y le pagó por los servicios. Una vez volvió a la habitación, yo tomé a la bebe en mis brazos y le dije "esta será nuestra pequeña Isabella" él sonrió y me dijo que el nombre era perfecto. Todo resultaba hermoso ya no había más sufrimiento, ya no estaba Emiliana, por lo que los primeros años que siguieron fueron muy alegres. A medida que crecía Isabella la casa empezaba a tomar más color, decidí que la habitación de Emiliana sería ahora de Isabella, compré pintura y tape todo el pasado. ordene la cama y la coloque en otra posición, compre un hermoso colchón y cobijas nuevas todo para mi pequeña Isabella.

Pasaron cinco años y sentía que poco a poco Emiliana quedaba en el olvido, pero cuando Isabella tenía seis años de edad, empezó a decirme que miraba a una niña en el patio que le decia que queria jugar con ella, yo le dije que no le prestara atención, le explique que era normal a su edad tener algunos amigos imaginarios, pero que nunca le fuera a decir eso a nadie porque iban a rechazarla en todos los lugares a los que fuera, para calmar el momento le toque la nariz, nos reímos y jugamos un poco. Cuando se durmió le coloque sus cobijas, mientras arropaba a mi pequeña Isabella pensaba en que tenía que hacer algo para que ella dejara de ver a esa niña, que claramente en ese entonces creía que era Emiliana y no era producto de su imaginación, me levanté de la cama y sentí una presencia diferente en la habitación, mire toda la habitación y no vi nada así que no le di mucha importancia, le apague la luz a Isabella y le cerré la puerta.

Cuando me di la vuelta vi a Emiliana, no podia creer que estuviera nuevamente en la casa, senti un escalofrio porque esta vez estaba diferente, su cuerpo estaba mas sucio, sus pies estaban con mucha tierra, una parte de su cabello estaba en su cara, me estaba mirando fijamente y su oso estaba en su mano izquierda y con su mano derecha me estaba señalando, me asuste al verla, no esperaba encontrarla de nuevo y mucho menos con ese aspecto esqueletico, su cara estaba pálida, sus ojos, su boca y nariz estaban llenos de tierra y tenía varios gusanos en todo su cuerpo, sin embargo, pensé que era mi mente e ignore todo eso, camine por el pasillo y sentia como ella caminaba detrás mío, fui un poco más de prisa y empecé a alargar mis pasos pero ella seguía detrás mío señalándome, caminaba aun mas rapido y empece a sentir un frio que recorria toda mi espalada era como si ella no caminara, voltee a mirarla, y si, efectivamente ella no estaba caminando, ella estaba levitando detras mio, mi corazon empezo acelerar voltee mi cara nuevamente y me quede quieta sentí que ella me estaba respirando en la nuca, cerré mis ojos y le dije: "ya vete de aquí", senti como ella se acerco a mi oido y me dijo: "hasta el dia en que mueras te dejare en paz", despues de eso no senti nada mas, no queria voltear a ver pero me sentia un poco mas tranquila en ese momento.

Pasados unos minutos llegó Cipriano a la casa, abrió la puerta, subió las escaleras, me vio en el pasillo y me dijo que nos sentáramos en la mesa a comer. Yo estaba muy incómoda porque no podía borrar de mi mente la cara de Emiliana así que trate de tranquilizarme, mire a Cipriano, me acerque a él y le di un beso, los dos bajamos las escaleras él se sentó en la mesa y yo me fuí para la cocina tome un vaso con agua y algunas hierbas que sirven para calmar los nervios, me fui para la mesa y empezamos a conversar un poco de todo, seguimos hablando del trabajo, de mi dia y de su día, nos sentimos muy felices porque ya todo estaba nuevamente en la normalidad. Me levanté de la mesa, me fui para la cocina, le serví la cena y cuando terminamos de comer lave la loza y nos fuimos para el cuarto para poder hacer el amor. Yo estaba un poco intrigada por Emiliana así que no podía concentrarme mientras que Cipriano se percató de mi ausencia en la cama, se detuvo y me preguntó qué era lo que me estaba pasando a lo que yo le respondí que me dolía un poco la cabeza, pero deje todo eso aun lado y me concentré para satisfacer a mi esposo, terminamos y nos acostamos a dormir.

Cuando estábamos durmiendo escuche ruido extraño me levanto de inmediato, yo estaba boca abajo en la cama y me voltee para poder escuchar mejor, pero cuando me di la vuelta Emiliana estaba encima mio y grite, ella abrió su boca y me paso un poco de tierra, Cipriano se levanto y miro a Emiliana encima mio, quedo en shock en ese instante Emiliana se desvaneció, yo reaccione, me senté en la cama voltee a ver a Cipriano pero él estaba pasmado así que lo tomé por los hombros, lo sacudí un poco y le dije que reaccionara, el parpadeo unas tres veces y me dijo que algo malo le había pasado a Emiliana, que tal vez ella estaba enojada con nosotros por no seguirla buscando y dejar todo en el pasado, le dije que no, que era otra cosa, que yo ya había sentido un par de cosas así pero que no había querido decirle porque no quería que él pensara que yo tenia algun problema por la pérdida de Emiliana.

En ese instante Isabella empezó a llorar Cipriano y yo corrimos a la habitación y cuando abrimos la puerta Isabella estaba en el piso, con una almohada en la cara, Cipriano corrió y le quitó la almohada, colocó a Isabella en sus brazos, nos fuimos para nuestro cuarto, cuando íbamos por el pasillo yo sentí ese frío en mis pies, voltee a mirar y hay estaba Emiliana mirándome con esa rabia en sus ojos, llegué al cuarto y solo cerré la puerta.

Fue una noche muy larga Cipriano y yo no podíamos conciliar el sueño así que empezamos hablar un poco de aquel día cuando Emiliana se perdió, yo no me acordaba muy bien de mi version y le dije un par de cosas erróneas, el me miro con cierta sospecha y me dijo que si yo sabia algo más sobre la desaparición de Emiliana y le dije que no, que estaba muy desconcertada por todo lo que estaba pasando así que tome las cobijas, me las puse encima, me tape la cabeza y le dije que me acostaría. Al día siguiente Cirpiano me dijo que lo mejor era vender la casa y que nos mudaramos, yo le dije que sí, de manera que se inició la venta de la casa.

Como teníamos muchas cosas decidí botar todo lo que le pertenecía a Emiliana y solo conserve unas pequeñas cosas, entre esas cosas el dedo que estaba en la pared de la habitación de ella. Cuando vendimos la casa sentí que me quitaba un peso de encima, sentí que todo iba a quedar en el pasado y que todo iba a empezar de cero. Nos mudamos a una hermosa casa de dos pisos, el vecindario se veía muy comprometedor y me sentía muy bien, cuando empezamos la mudanza me di cuenta que estaba el oso de Emiliana entre todas las cosas, el oso tenía tierra le hacía falta un ojo y olía a podrido, sentí mucho miedo y en ese momento apareció Isabella miro el oso y me dijo: "mamá si me trajiste mi oso, muchas gracias", le dije: " Que de donde lo había sacado" y ella me dijo que su amiga se lo había regalado, Cipriano tambien miro el oso y sentí muchos nervios por el aspecto de este, pero Cipriano no dijo nada, cogió el oso lo abrazó y le dijo a Isabella "Tu oso esta muy hermoso" en ese instante me percate de que solo yo podía ver el aspecto del juguete.

5

LA BUSQUEDA

En ese momento cerré el libro, no sabía que estaba leyendo, tenía muchas preguntas en mente, ¿Quiénes eran estas personas? ¿Cuál era esa casa? ¿Cómo era posible que una madre matara a su propia hija y escribiera esto?, aparte de eso dijera que sentía satisfacción por haberlo hecho. No sabía qué hacer, sentía que mi cuerpo se deterioraba más en esa cama y tomé la decisión de ir a investigar qué fue lo que realmente pasó, no quería seguir leyendo eso, no quería saber que pasaba en ese hogar, solo quería recuperar mi vida, asi que decidí volver a la biblioteca y los archivos locales a buscar información sobre esta familia, quería saber ¿Quién era Vera Sarcotinez? y ¿Porque mi cuerpo quedó así, después de leer ese libro?

Decidí salir de mi casa e indagar todo, pero antes de salir, acomode bien mi cuerpo en la cama, le coloque el calcetín que le hacía falta y deje el libro rojo encima de la mesa, salí de mi casa con unas cuantas cosas en una maleta pequeña, mientras caminaba por esas calles oscuras de mi ciudad no sentía el más mínimo miedo por nada, solo sentía la necesidad de indagar más para salvar mi vida, no quería pasar todos mis años tirada en esa cama o peor aún morir y ver como mi cuerpo simplemente se descompone al pasar de los años.

Cuando llegué a la biblioteca no tenía idea de como entrar, intenté tocar la cerradura con mi mano para forzar la puerta y ahí fue cuando me di cuenta que mi mano traspasó la cerradura, me quedé impactada unos cuantos segundos, después decidí traspasar la puerta de la biblioteca. Dentro del lugar traté de buscar la sección de "Desasosiego" pero no encontré nada, era como si ese pasillo hubiera desaparecido, así que opté por ir a la hemeroteca donde albergaban los periódicos y publicaciones más antiguas.

Mientras caminaba por los pasillos de la biblioteca pensaba en las fechas para iniciar mi búsqueda ya que al iniciar el libro este me daba una fecha evidentemente errónea pues daba una fecha hacia el futuro, me quede pensando unos cuantos segundos y me acordé de que el libro me daba la fecha de nacimiento de Emiliana "1760".

Cuando llegue a la sección de periódicos empecé a separar las publicaciones de ese año y algún otro periodico que tuviera alguna relación con los nombres, buscando en todas publicaciones de prensa encontré a Vera Sarcotinez, la fecha era del año "1811", no coincidian las fechas en nada, de hecho este periodico era aun más reciente del nacimiento de Emiliana y aun de la muerte de ella. Lo que me ponía a pensar era la fecha en el libro, "1962", podría ser que "el libro me estaba hablando de un posible suceso similar en esta fecha o que habia detras de ese número" tenía muchas cosas en mi cabeza pero no le podia dar mas vueltas al asunto así que tomé aquella publicación e indague más con otros periódicos de la misma fecha. Quería llevarme todo a mi habitación, leer al lado de mi cuerpo y ver si algo me podría servir, no quería dejar mi cuerpo solo en esa habitación, me daban escalofríos pensar de que ese hombre volviera o que esa anciana se acercara nuevamente a mi.

Así que saque todos los periódicos que necesitaba, los guarde en mi maleta y me dirigí hacia casa. Cuando llegué, entré y vi a mis padres en la mesa comiendo y les dije: "que todo estaría bien", aun sabiendo que no podían escucharme, luego camine por el pasillo, subí las escaleras, abrí el cuarto, vi mi cuerpo en la cama como yo lo había dejado, me acerque a la mesa, tome el libro rojo y me senté al lado derecho de la cama, empecé acomodar los diez periódicos que había recolectado, coloque el libro rojo al lado mío y empecé a revisarlos.

No me dieron mucha información solo hablaban del "loco caso de Vera Sarconitez", pero no me daban muchos datos, de hecho estaban un poco rotos y la letra estaba algo borrosa. Pero leyendo me percate de que en los periódicos hablaban del mismo asilo, donde tenían encerrada a Vera cuando ella tenía 70 años de edad y allí mismo falleció. Se suicidó saltando del tercer piso del manicomio, cuando la encontraron, en su mano derecha tenía una estrella de ocho puntas y en el centro de esta estrella tenía escrito Vera Sarcotinez; su cuerpo tenía varios golpes, tenía rastros de haber sido agredida sexualmente y algunos de sus órganos internos estaban destrozados. Eso alertó a las autoridades del asilo y se inició un proceso de investigación con todos los pacientes ya que en la autopsia de Vera se encontró que no fue un sucidio. Mientras los forenses indagaban por los órganos de vera, encontraron varios trozos de vidrio que destrozaron su garganta y estómago, aparte de eso tenía múltiples fracturas en su cráneo, lo que les hizo pensar a los forenses de que vera fue abusada en las instalaciones del manicomio donde con desesperación ella saltó del tercer piso. También en el periodico decía que encontraron a varios pacientes con algunas similitudes lo que causó el cierre del asilo.

Me quedé sin palabras, estaba frente a el caso más loco y escalofriante, deje los periódicos en el piso y no sabía ni siquiera que pensar en ese momento, entre más buscaba más cosas extrañas salían a la luz, pensé que lo más coherente era ir a ese lugar y buscar algo sobre Vera Sarcotinez. Así que tome nuevamente todas mis cosas y me encamine para allá. Antes de irme me despedí de mi cuerpo y le dije que pronto se arreglaría todo. Tomé la mano de mi cuerpo y la puse en mi pecho, tapé todo mi cuerpo con las sábanas dejando solo la cabeza descubierta y me acomodé nuevamente las medias y dejé el libro en el piso, abrí la puerta y me fui.

6

VERA SARCOTINEZ

Camine por esas calles oscuras donde no podía sentir absolutamente nada, ni el frío, ni el cansancio representaban un obstáculo para mí, puesto que no era un cuerpo viviente el que deambulaba, sino mi alma. Cuando llegué al manicomio pude ver que sus paredes y puertas tenían escritos horribles e insultos a los doctores y monjas del lugar, pero hubo un escrito que me llamó la atención, decía: "Vera, es hora".
Sentí un frío por todo mi cuerpo porque fueron las mismas palabras que yo escuché cuando empezó todo esto, creí que ahora sí iba a encontrar algunas respuestas aca asi que no le preste mucha atención a todos los escritos y seguí caminando. Cuando llegue a la entrada vi por una ventana de la puerta y me di cuenta de que tenía una cadena y un candado en su interior, en ese momento escuche unos ruidos

extraños así que camine alrededor del hospital y me percate de que había una ventana rota me dio mucha curiosidad y traspase la ventana.

Cuando entre me percate de que yo no era la única que estaba allí, había un grupo de jóvenes explorando el lugar, note por las velas y las marcas con tiza que estaban realizando una especie de rito, aunque por lo que escuche lo hacían a manera de broma. Ellos se sentaron alrededor de una estrella de ocho puntas que habían dibujado en el piso y empezaron a decir: "vera, es hora", lo que desencadenó una serie de eventos extraños pues quedé pasmada al ver como una fuerza los mandó volando hacia los muros, una chica murió al instante y el resto quedaron inconscientes, me quede observando a la chica pero vi como su espíritu salió de su cuerpo lo miro con desesperación y empezó a deambular por el lugar. Uno de los muchachos reaccionó pero no podía moverse así que tocó a su amigo más cercano, su amigo poco a poco recobro conciencia de manera que el chico que no podía moverse le dijo: "Ayúdame, no siento mis piernas", su amigo se levantó para tratar de auxiliarlo, el resto de jóvenes también empezaron a levantarse, aparentemente tenían fracturas leves, pero nada grave, cuando miraron a su amiga se empezaron a desesperar, no sabían qué hacer, querían dejarla ahí tirada, pero el chico que no sentía las piernas les insistió en que no podían dejarla ahí, que debían sacarla.

Todos salieron de allí, se llevaron el cuerpo de la chica, se subieron a un automovil negro que estaba estacionado, en la parte trasera del asilo y no los volví a ver más. El alma de la chica se acercó a la ventana y miraba a la nada con lagrimas en los ojos, pasaron unos segundo y ella se volteo, me miro y me dijo "tú también moriste por la misma causa que yo" a lo que yo le respondí que yo aún no había muerto y estaba buscando respuestas, le conté toda mi historia y ella me dijo que me ayudaria a investigar, pues no le quedaba nada más.

Su nombre era Samanta Zeria, fuimos a la habitación del archivo del hospital y allí buscamos en todos los documentos para dar con alguna información sobre Vera Sarconitez. Al principio las esperanzas eran muy bajas, había mucha información que no estaba correctamente clasificada, ese era el asilo más grande de todo el estado por lo que no era tarea sencilla. Cuando me estaba dando por vencida, abrí un cajón viejo que estaba detrás de todos los papeles de pacientes nuevos y encontré el expediente de Vera Sarcotinez, lo abri y vi una foto de ella, era la misma anciana que habia entrado a la habitacion, su cabello era hasta los hombros risado de color rubio, sus ojos eran verdes, su cara era gorda, su nariz era un poco ancha, sus labios eran muy delgados y su color de piel era palido. En la imagen sus manos estaban atadas y sus pies estaban descalzos, cuando vi la foto levante mi cara y ella estaba parada al frente mio, solte los papeles, di dos pasos hacia atrás ella me miro y me dijo que acá no iba a encontrar nada, que si quería salvar mi vida tenía que terminar el libro, me dijo que yo no era la primera persona que encontraba el libro y que no seria la ultima, que ninguno de los incautos que lo había leído lo pudo llegar a terminar. En ese instante sonrió, se dio la vuelta y desapareció. Me quedé pensando en sus palabras, puesto que me indicaba que lo que me ocurría a mi ya le había pasado a muchas personas antes, ¿acaso estaba al frente de alguna maldición?, tenía la oportunidad de salvar mi vida y probablemente de salvar la vida de alguien más, ¿sería ella la que estaba atrapada en este libro y no sabía cómo salir de allí?.

Me quedé pensando unos minutos, no podía dimensionar lo que estaba pasando, así que reaccioné y volví a tomar todos los papeles que estaban en el suelo, los puse sobre un escritorio que estaba en esa habitación, saqué mi linterna y empecé a leer.

Vera Sarcotinez tenía setenta años cuando la internaron en el manicomio, ella duró solo un año allí, ya que a los setenta y uno encontraron su cuerpo en el patio del manicomio, donde se fracturó la mayoría de huesos, pero se dice que ella murió antes de caer. Ella llegó sola al manicomio en el año 1810 y se entregó porque afirmó que su esposo Cipriano la quería matar y que ella actuó en defensa propia y lo mató primero. Se la entrevistó e indago por su estado de salud y los todo arrojaba a que ella tenía un problema de demencia, ella era una paciente esquizofrénica, se dice que al estudiarla y conocerla les dijo a los médicos y monjas sobre cosas que a cualquier persona le parecería descabellado, muchas veces en las conversaciones su mente divagaba y no sabía ni siquiera que era de lo que estaba hablando y en algunas ocasiones hablaba diferentes idiomas, llegaron a pensar que tenía algún patrón de personalidad intermitente y por eso intentaba cambiar sus personalidades. Pero en algunas ocasiones era muy cuerda, una vez le iban a dar de alta en el manicomio porque pensaron que ella se estaba inventando la enfermedad, un día un doctor decidió colocar vigilancia en su cuarto sin que ella se diera cuenta y se percataron de que ella actuaba esencialmente normal y sana, no mostraba ningún signo para que ella estuviera allí y más bien debería estar en la cárcel por haber matado a su esposo.

Pero el Doctor Mateo Connor, bastante reconocido en el campo médico, le interesó mucho el caso de Vera así que pidió llevar el caso de esa paciente antes de sacarla del asilo. Pidió realizar nuevamente todas las pruebas necesarias para examinar su condición y fue sometida a tratamientos en los que se la expone en tinas de aguas con temperaturas extremadamente altas o extremadamente bajas, en algunas ocasiones no le daban de comer ni beber y le quemaban los dedos.

Segun revelaron las investigaciones posteriores, el Doctor Connor abusaba sexualmente de ella, la obligaba hacerle sexo oral, introducia en su vagina y colon artefactos que dañaban sus organos, aparte de eso ella quedo embarazada en dos ocaciones y le practicaba el aborto sin cuidados necesarioas para la avanzada edad de la paciente, como ya era una mujer de setenta años de edad, solo pasaron un par de meses para ver el deterioro de su cuerpo, alma, y mente.

En muchas ocasiones ella caminaba por los pasillos del manicomio sin compañía, cuando un paciente con demencia la miro y abusó sexualmente de ella, este paciente llamado Rodolfo Marno, estaba en el hospital por demencia, uno de los enfermeros se dio cuenta de lo que ocurría y alertó a los doctores del hospital, se llevaron a Rodolfo a una habitación solo. El doctor Sarmiento que llevaba el caso de Rodolfo, afirmó que tenía sífilis, esto alertó al resto de doctores así que revisaron cualquier signo de esta enfermedad en el cuerpo de Vera, encontrando que efectivamente se había contagiado, eso fue algo confidencial nadie lo sabía ni siquiera el Dr. Connor, quien estaba de vacaciones en África con su esposa y tres hijas. Cuando el Doctor llegó de vacaciones, Vera ya iba a cumplir el año en el hospital, el doctor inició las terapias como de costumbre con ello los abusos sexuales. No pasaría mucho tiempo para que el Dr Connor se enterase que ella tenía Sífilis, eso significaba que él también portaba la enfermedad, ella no sabía lo que estaba pasando, y ahí fue cuando se desató la ira del Dr Connor y fue a asesinar a Vera.

Cuando él llegó a la habitación vio como las paredes y el piso estaba lleno de simbolismos que no podía identificar, también noto como Verá vociferaba muchas cosas en lenguajes que él desconocía, al mismo tiempo vio a tres niños y casi de inmediato noto como mostró todos los signos de un ataque al corazón fulminante, luego de esto los niños tomaron su cuerpo y la tiraron por la ventana. La noticia sacudió a todo el estado por lo que no pasó mucho tiempo para que clausuraron el lugar y a los tres meses de cerrar el manicomio el Dr Connor se ahorcó en su mansión, dejando una carta donde relata todo lo que le había hecho a Vera Sarcotinez.

No podía creer todo lo que estaba leyendo realmente la vida de esta mujer había sido una completa pesadilla en ese asilo. Yo era muy joven cuando tenía en mis manos la historia más inquietante, me senté en el piso y coloque mis manos sobre mi cabeza, toque mi cabello y llore. Samanta me dijo que no me preocupara que yo aun tenia esperanza pues mi cuerpo estaba vivo, pero yo no paraba de pensar que esto era aún más complicado que un laberinto, me levante y camine arrastrando mis pies por los pasillos de ese asilo pensando en que probablemente ya no había más opciones y que debía aceptar mi inevitable muerte.

Mientras caminaba escuchaba muchos gritos a mi alrededor y aunque sea sentia un poco de alegría al saber que mi alma no iba a quedar encerrada en un lugar tan espeluznante como este manicomio, o eso creía en ese momento, no se cual seria mi final pero me decidí que iba a luchar hasta encontrar una respuesta, salí del manicomio y deje atrás a Vera Sarcotinez y a Samanta Zera en esos viejos pasillos, cuando llegue a la puerta del manicomio me despedí de Samanata y le deseé buena suerte.

Caminando por la calle pensaba en todo lo que había leído, pude ver a mi alrededor muchas almas que deambulaban y me pregunté a mi misma, "es posible dejar esta vida y aun seguir acá sin salida", cuando iba llegando a mi casa algo me arrojo al piso no podía moverme y mi cara quedó contra en el pavimento, trate de darme la vuelta y me percate de que no podía ver bien por mi ojo izquierdo era como si tuviera una especie de manto sobre mi ojo. Estaba mareada y trataba de usar mi mano para tocar lo que fuera que estaba ahí. Cuando empecé a recuperar la visión vi a ese hombre sin ojos, él estaba al frente mío con su cuerpo desnudo y esquelético, me quedé inmovil, no podía creer que otra vez ese hombre sin cabello, su cara larga y esa sonrisa escalofriante estubiera ahi mirandome, me levante lentamente cerré mis ojos me limpie un poco la cara y cuando volvi abrir mis ojos, él ya no estaba alfrente mio ahora estábamos cara a cara.

Él tomó su mano, la pasó por mi cabello, espalda, cola y piernas, sacó su lengua y se remojó los labios, el olor era putrefacto y me dijo: "quiero una nueva piel y esta me parece perfecta". No podía moverme, fueron los peores minutos de mi vida, pero escuche como alguien corría hacia mí, voltee a mirar y era Samanta. Ella me hizo a un lado de un empujón y ese hombre me soltó, pero no pasó ni un segundo, cuando el hombre tomó a Samanta igual que mi, coloco su cara escalofriante junto a la cara de ella, le dio un giro a su cuerpo dejando la cabeza colgando y tomándola de los pies y se la empezó a comer de pies a cabeza.

Mientras colocaba los pies de Samanata en su boca, la piel de ella se iba desprendiendo, ella gritaba desesperadamente y yo no sabia que hacer me quede inmovil en el piso y ella me volteo a mirar y me dijo: "Corre, Corre! salva tu vida, yo ya no tengo salvación, pero tu si, lee ese libro y salvate".

Vi como ese hombre se la comía poco a poco y como la piel de ella se iba desprendiendo lentamente, cuando llegó a la cabeza ella me sonrió y me dijo: "no te preocupes por mi, no tienes que mirar esto", reaccioné, me levanté y salí corriendo. Llegue a la entrada de mi casa y antes de entrar voltee a mirar y vi como esa cosa tomaba la piel de samanta del piso y se la colocaba en el cuerpo, me dio escalofríos, traspace la puerta y entré a la casa, subí las escaleras llegue a mi cuarto me senté al lado de mi cuerpo, tome el libro rojo y empecé a leer.

7

ISABELLA

"No le preste mucha atención al oso, lo deje en segundo lugar, la verdad estaba muy feliz de mi nueva casa. Sentí que la vida me estaba dando una segunda oportunidad, veía a Cipriano y a Isabella muy felices y yo también quería estar igual que ellos. Terminamos de mudarnos a las dos semanas de comprar la nueva casa. Cuando ya todo estaba listo empecé a colocar todas las fotos en la pared, me di cuenta que habían varias fotos de Emiliana así que las guarde en una caja y las coloque en el sótano.

Los años transcurrieron e Isabella entro al colegio, ya mi niña estaba creciendo, un dia ella estaba en su cuarto y yo estaba en la cocina haciendo el almuerzo, cuando escuche que estaba llorando, subí las escaleras y llegue al cuarto, ella estaba en el piso con su cabello desordenado y su vestido roto, le pregunte por lo que había pasado y ella respondió, "fuiste tu mamá", levantó la cabeza y era la cara de Emiliana, habían gusanos en su boca y su aspecto era terrible, la empuje y ella volvió agachar la cabeza, le dije que se largara de mi casa y que me dejara ser feliz, ella empezó a levantarse lentamente sin levantar su cabeza, sus pies se alargaban y sus manos también llegando hasta el techo, grite fuertemente, cerré mis ojos y cuando los volví abrir estaba en la parte de atrás de mi antigua casa. Corrí para buscar la salida pero no la encontraba era como si corriera en círculos, hasta que vi a Emiliana me señalo, abrió su boca y salieron algunos insectos, grito y en ese momento me desperté.

Estaba sudorosa y con los pies frios, Cipriano se levanto asustado por mis gritos y me dijo que respirara profundo que solo había sido una pesadilla, yo lo abrace y llore fuertemente, nos volvimos acostar pero yo no podía conciliar el sueño, me quede pensando toda esa noche en ese sueño, no sabía que estaba pasando, pero no iba a permitir que Emiliana se volviera a meter en mi familia y mucho menos que fuera hacerle daño a Isabella.

En las siguientes semanas empecé a notar que Isabella estaba un poco extraña, ya no hablaba y cada que yo me acercaba a ella bajaba su mirada, sentía tristeza, no sabía qué le pasaba a mi pequeña niña, así que la lleve a un parque cercano, le compre algunas golosinas y empecé hablar con ella. Al principio no quería hablar pero después de unas horas de juego se sentó y me dijo que tenía un secreto con su padre Cipriano y que no me lo podía contar, claramente sentí mucha curiosidad por ese secreto y le dije que ella podía confiar en mí, que yo no le diría nada a Cipriano, ella me miró, vi mucha tristeza en sus ojos, agacho su cabeza y me dijo que Cipriano iba a su cuarto algunas veces en la noche y la tocaba, pero que le decía que eran juegos y que nadie podía saber, Isabella levantó la cabeza y me dijo: "mamá es que a mi no me gustan esos juegos y no se como decirle a mi papá que ya no quiero jugar".

Se me destrozó la vida por completo, no podía creer lo que estaba escuchando y la verdad no le creí a Isabella, le dije que fuera a jugar un poco más y que más tarde hablariamos de eso nuevamente. Me quede sentada en esa silla mirando a Isabella jugar y pensé que tal vez Emiliana está haciendo todo esto para dañar mi hogar, cuando vi fijamente a Isabella en el parque me di cuenta que algo estaba detrás de ella, trate de enfocar un poco más mi mirada y me di cuenta que era Emiliana, abrí mis ojos y sentí miedo, pensé que tal vez se quería apoderar de mi hija Isabella y eso no lo iba a permitir, pero necesitaba tener más pistas porque no quería hacerle nada a mi pequeña Isabella, así que en los siguientes días planee varias cosas que le gustaban a Emiliana para ver si Isabella tenía los mismos gustos.

Al pasar las semanas, noté algo escalofriante en Isabella, me daba miedo verla porque su aspecto estaba cambiando y no soltaba ese oso. Una tarde estaba durmiendo en mi cuarto cuando sentí que alguien entro a la habitación y me desperté, voltee a mirar y era Isabella, tenía un cuchillo en la mano, me levanté rápidamente de la cama y le dije: "que estas haciendo con ese cuchillo", Isabella se acercó y trató de clavarme ese cuchillo en mi estómago, la detuve y le di un puño en la cabeza, ella quedó en el piso inconsciente y vi a Emiliana detrás de ella riéndose fuertemente, me tape los oídos y le dije que se largara, inmediatamente ella se desvaneció.

Tome a Isabella de las manos y la abrace le dije: "todo estaría bien, mi pequeña hija" y ella me respondió, "mamá nada va a estar bien, tú me mataste, dejaste que esos cerdos se comieran mi cuerpo y no te importo mi dolor y tratas de tapar todo con tu nueva hija, Isabella, pero ella ya no está acá" mire el cuerpo que tenía en mis manos y me di cuenta que era Emiliana la empuje y le dije que era la ultimas vez que estaría en mi casa, salí de la habitación corrí al baño abrí la puerta y llene la tina con agua, Emiliana estaba detras mio me miro y me dijo: "acaso piensas volver a matar a un muerto" la mire y le dije: " no, pero si voy a matar eso que te tiene con vida aca".

Volví al cuarto, tomé el cuerpo inconsciente de Emiliana, lo llevé hasta el baño, le di un beso en la frente y lo coloque boca abajo en el agua. Deje que muriera sola en el baño antes de salir, coloque seguro en la puerta y deje la llave abierta. Maté a mi segunda hija, pero esta vez no fue nada satisfactorio. Esperé a que saliera el agua por la parte de abajo del baño y forcé la puerta varias veces, mientras hacía eso Emiliana estaba al frente mio y vi como ella se desvanecía con el oso en la mano.

Me di cuenta de que si estaba funcionando pero me percate que podría salvar la vida de Isabella, así que forcé la puerta con mucha fuerza y como vi que no se abría, salí corriendo de la casa en busca de ayuda. Encontré unos soldados les dije que mi hija se estaba dando una ducha, que no me respondía, que la puerta no se abría y que estaba saliendo agua por debajo de la puerta por lo que fueron conmigo hasta la casa, después de forzar un poco la puerta, la abrieron, pero cuanto entraron Isabella estaba boca abajo en la bañera, con quemaduras por todo su cuerpo ya que el agua estaba demasiado caliente, ella estaba muerta.

Llore como nunca había llorado me sentí destrozada porque realmente amaba a Isabella, tome su cuerpo en mis brazos y la abrace fuertemente, los soldados empezaron a revisar el baño y al final se llevaron a mi pequeña Isabella.

Loseru Niron fue el detective que llevó el caso de Isabella, él nos llevó a Cipriano y a mi al juzgado local para interrogarnos en una habitación. Cuando llegamos me hizo muchas preguntas y entre todas las preguntas me pregunto por Emiliana, ya que a él, se le hacía muy extraño que pasaran cosas con las dos hijas que habíamos tenido, yo le explique todo lo que había sucedido, le dije que Isabella se fue a tomar una duña y cerró la puerta con seguro, que yo forcé la puerta pero no pude entrar e inmediatamente corrí en busca de ayuda, le hable un poco sobre el caso de Emiliana pero vi en la cara de Loseru mucha desconfianza y la verdad no podía sostenerle la mirada, después de varias preguntas nos separaron de habitación.

Interrogaron a Cipriano por más de dos horas, eran las cuatro de la mañana y yo me había dormido en el otro cuarto, cuando escuche que abrieron la puerta me desperté y era Cipriano me levanté de la silla y le dije: "que pasa amor" él me dijo: "que me iban hacer unas preguntas porque habían encontrado rastros de abuso en el cuerpo de Isabella", volví a tomar asiento y le pregunte que cuales rastros, en ese instante entró Loseru y me dijo que Isabella tenía rastros de abuso doméstico, respire profundo porque pensé que Cipriano había tocado a nuestra hija, le pregunte a Loseru acerca de qué tipo abusos a lo que él respondió "golpes", en ese momento caí en cuenta de que tenía que inventar algo para salir de esta situación de la misma manera que con Emiliana. Se fueron algunos soldados a la casa con Cipriano para revisar nuevamente los hechos y a mi me interrogaron horas tras horas, en todo ese tiempo Cipriano iba a la estacion de policia a llevarme un poco comida, yo solo lloraba y vociferaba que quería salir de ahí para estar con el cuerpo de Isabella. Como los policías no encontraron nada al tercer dia me dejaron en libertad, después de eso nos entregaron el cuerpo de Isabella, hicimos todos los pagos fúnebres y le hicimos una gran despedida, la verdad si me dolió mucho esta pérdida, actúe totalmente diferente a la pérdida de Emiliana, esta vez no lloraba ni fui a terapia, solo cambie mi aspecto, deje de salir a la calle, ya no cocinaba ni arreglaba la casa, todo se volvió desolación, aun seguía mirando a Emiliana pero creo que al final esa fue mi mayor consolación.

Pasado un mes después de la muerte de Isabella me acorde que le habían encontrado en su cuerpo abuso doméstico, pero a la final yo nunca pregunte que habian encontrado, asi que me arregle fui hasta la estacion de policias y busque al detective, le dije que necesitaba hablar con él y él me dijo que claro, me hizo pasar a un cuarto cada uno se sentó en una silla y yo le pregunte que cual fue la causa principal de muerte de Isabella, a lo que él respondió que la niña tenía un golpe en la cabeza y que eso fue la causa de muerte, él me dijo que se analizó el baño y se dieron cuenta de que probablemente Isabella perdió el equilibrio se dio un golpe en la cabeza, quedando boca abajo en el agua donde se ahogó y sufrió las quemaduras, quede paralizada porque yo fui la que le dio ese golpe, me levanté de la silla y le di las gracias, pero él me dijo que porque le preguntaba eso y yo le dije que tenia curiocidad, llegue hasta la puerta la abri y sali de la habitacion camine por el pasillo de la estacion de policia y sali a la calle, llegue a la casa aún más destrozada, ese mismo día en la noche

Cipriano me dijo que tenía que cambiar mi actitud, que tenía que sacar fuerzas y seguir adelante, porque aún él estaba en mi vida".

8

UN CUENTO

Cerré el libro, recosté mi espalda junto a la cama, respiré profundo, tomé la mano de mi cuerpo que estaba en la cama mientras trataba de entender toda esta historia, no escuchaba absolutamente nada, simplemente mi respiración cada vez más lenta, tomé el libro y empecé analizarlo desde afuera, vi que tenía algunos rallones en la portada, y le hacían falta unas tres hojas nunca me había fijado en eso, recordé el primer dia que tome el libro, pues yo misma me había cerciorado de que no hacía falta ninguna hoja y no tenia ningun rayon, pero no le di mucha importancia a eso, solo quería terminar con esta maldita historia y acabar con todo esto de una vez por todas.

Entonces me percaté de que me hacía falta muy poco para terminar el libro. Cuando lo volví a abrir para seguir leyendo, sentí que alguien caminaba por el pasillo, prendieron la luz y se acercaron a mi puerta moviendo la manija, me dio mucho miedo, pensaba que era ese hombre que venía a comerse mi cuerpo, pero en realidad entró mi mamá. Traía una bolsa de agua caliente y una botella con agua, me coloco la bolsa en los pies y las manos para que mi cuerpo tomara un poco más de calor y con el agua remojo mis labios. salió del cuarto dejando la puerta medio abierta y se fue para la sala, a los pocos minutos volvió con un libro en su mano, se sentó junto a la cama y le dijo a mi cuerpo "Celeste te leeré un pequeño cuento que me recuerda mucho a ti" me tocó la mano y empezó a leerme un libro.

"Cuenta la historia que hace muchos años en una pequeña tribu vivía una niña llamada Nicol, ella era muy valiente, todos los días entrenaba con su padre por la sabana, su padre le enseñaba a luchar y cazar. Nicol era muy inteligente y aprendía muy rápido, pero un día ella se fue para el campo a recolectar flores y no se dio cuenta que había una serpiente cerca a su pie, cuando se levantó y movió su pie la serpiente la atacó, mordiendo su tobillo y dejándola inmovil, dos días después su padre la encontró en el campo aún con vida pero muy débil, la alzó y se la llevó para la casa, le dio medicina y se empezó a recuperar rápidamente, su padre estaba muy pendiente, la alimentaba y limpiaba su tobillo a diario, después de unas cuantas semanas ella se recuperó y esta vez se levantó con más fuerza, puesto que ahora era más conciente de los peligros del mundo, de manera que ideo y creo algunos calzados para evitar ese tipo de mordidas que ayudaron a su tribu, pues no era la primera vez que pasaba y más bien era un problema constante en ese territorio, por lo que con el pasar de los años su tribu la fue reconociendo hasta el punto de nombrarla como la suprema de aquella comunidad".

Mi madre cerró el libro tomó mis dos manos y me dijo: "Celeste sabes que la picadura de una serpiente no tiene cura, sabes que salvó a esta niña realmente, su valentía, el amor por seguir viva, no se que este pasando en tu interior pero se que me puedes escuchar y hoy te digo que tu eres una joven muy valiente y vas a salir de esto como sea, sé que estarás nuevamente acá conmigo, sé valiente, sé fuerte, y ten presente que esta familia te necesita, tú eres nuestro motor espero te levantes pronto". Mi madre soltó mis manos, me acomodó las sábanas, me dio un beso en la frente, se levantó de la cama y se fue de la habitación. mi madre me había dado las palabras exactas para que yo saliera de esto rápido, me llené de mucha fuerza y me decidí a terminar de leer ese libro.

9

EL VIAJE

Cuando tomé el libro en mis manos, sentí que alguien estaba detrás de la puerta, me quedé quieta y empecé a respirar más despacio, espere a que entrara para ver quien era. Empezaron abrir la puerta lentamente y me di cuenta de que habia una persona alta con un manto negro sobre su cuerpo, no podia ver su rostro pero no senti miedo, se quedo ahí parado en la puerta sin moverse, yo me levante del piso di un paso hacia al frente y lo interrogue preguntandole por su identidad, cuando me acerque un poco mas, me percate que tenia los ojos descubiertos, ingreso a la habitacion y su cabeza tocaba el techo era muy alto, di tres pasos hacia atras y le volvi a hacer la misma pregunta, me dijo "No soy el amigo ni enemigo de nadie, llego donde las personas que necesitan encontrar cosas, soy como un ... colaborador, estoy aqui para ayudarte".

Me quedé sorprendida porque realmente nunca esperé a que alguien me ayudara, de hecho nunca pensé que alguien supiera algo sobre esto, asi que camine y estando un poco más cerca de él, le dije que me explicara, porque no entendía qué estaba pasando, y dijo "ese libro no es lo que estás pensando, yo soy la persona que ayuda a los lectores a encontrar la verdad, pero nunca he tenido suerte en salvar una vida, el tiempo siempre es mi enemigo".

Me quedé atónita, no entendía nada, cómo que nunca se había salvado alguien, entonces qué posibilidades tenía de salvar mi vida. Le insistí en que me diera más luces acerca de todo esto porque no entendía qué estaba pasando. Así que se acercó a mí y me tomo la mano, pero me di cuenta que la mano de él estaba cubierta con alguna especie de manta negra larga, se agacho y quedo cara a cara conmigo, me temblaban las piernas porque no sabia que estaba pasando, sus ojos era negros no se alcanzaba a diferenciar la pupila de su ojo con el iris, su mirada era muy fria, no se podia percatar nada en esos ojos negros, sus cejas y pestañas eran muy pobladas y aparte de eso hacian que su mirada se viera un poco apagada, era como si quisiera esconder sus ojos, me dijo: "no sientas miedo de la anciana, ni del otro hombre, porque cuando yo estoy contigo ellos no pueden hacerte nada" no senti mucha confianza, habia leido tantas cosas que no podia confiar en nadie, asi que estando frente a frente me rodeo con su manto y en un momento ya no veia luz en ningún lugar.

Cuando logre vislumbrar algunas formas note que estábamos en un espacio que no correspondía al mundo normal que conocia, no habian personas, no habia sonido, no había nada, cuando aparte la mirada de él y mire a mi alrededor vi una especie de cuadros negros y blancos, no había techo, estaba la noche sin estrellas y pasaban unas pequeñas luces por encima de nosotros, me dijo que no apartara mi mirada de los ojos de él, lo voltee a mirar con prisa y me dijo que cerrara mis ojos, cuando lo hice dio la orden de abrirlos nuevamente, habíamos llegado a una habitación donde estaba el cuerpo de un chico en una cama, y me dijo: "él se llama Felipe Salizo, es un joven de 20 años al igual que tu era un apasionado por la lectura, pero a diferencia suya, la familia de él era un completo caos, a su madre no le importa la vida y su padre es un alcoholico mujeriego que lo golpea cada que tiene oportunidad, un dia felipe iba caminando por la calle pensando en que hacer con su vida, tenia planes de viajar y estudiar.

En medio de sus pensamientos caminaba junto al andén donde encontró el libro rojo, la curiosidad le ganó, tomó el libro en sus manos se lo llevó y empezó a leerlo, pasaron casi 3 semanas para que él y su familia, se dieran cuenta que su cuerpo estaba en coma, cuando termino de leer el libro se dio cuenta de todo, trato de encontrar alguna forma de corregirlo todo pero nunca encontró respuesta cuando, yo llegué a él ya era tarde, su cuerpo se estaba descomponiendo en la cama, él luchó mucho pero no alcanzó a salvar su vida, trate de ayudarlo pero no se pudo hacer nada".

Mientras el hombre me hablaba podía ver como Felipe entraba y salía de su cuarto leyendo el libro mientras su cuerpo moría en la cama, tambien vi a la anciana y al hombre junto al cuerpo, el hombre lamia sus labios con ansias esperando la muerte de Felipe, vi como murio poco a poco, su cuerpo se descomponía y el olor era nauseabundo, cuando Felipe murió, el hombre con sonrisa escalofriante lo tomó por sus pies tragandoselo y dejando su alma vagaba en esa habitación, sus familiares no sabían qué estaba pasando pero su pérdida fue muy fuerte para su padre quien a la semana se quitó la vida en la habitación de Felipe, me tape los ojos y grité : Para!! Para!! no quiero ver más, él hombre se acercó a mi nuevamente acomodo sus manos con las mías me miró a los ojos y salimos de la habitación.

Nuevamente estábamos en ese limbo esta vez escuche el canto de algunos pájaros respire y me dijo que cerrara los ojos, los cerré y cuando los abrí aparecimos en otra habitación, esta vez era una mujer y él me dijo: "ella se llama Esfer Cobok una mujer de 45 años que vivía sola, también era amante a la lectura un dia estaba haciendo una comida especial para unos amigos cuando alguien tocó a su puerta y ella abrio y no había nadie pero el libro rojo estaba en el piso, ella lo levantó, miró en los pasillos y no había ninguna persona, así que tomó el libro, le dio mucha curiosidad y empezó a leerlo, no se percató del tiempo ni de la comida, así que no corrió con mucha suerte porque su casa se incendió, murió en su habitación con el libro en las manos", mientras él me contaba la historia vi como ella estaba leyendo el libro, la anciana y el hombre estaban esperando detrás de ella. cuando murió el hombre de sonrisa escalofriante se comió su cuerpo dejando su alma en esa casa llena de cenizas, le dije que porque no la había ayudado y él me dijo que no le había dado el tiempo para ayudarla, se acercó a mi nuevamente y le dije que ya no queria ver mas y él me dijo que solo nos hacia falta uno más, que era necesario que yo viera todo eso para que pudiera entender que no tenía más tiempo.

Cuando tomo mi mano nuevamente cerré los ojos y esta vez el viaje se demoró un poco más, no escuche ni sentí nada esta vez fue silencioso, después de unos segundos sentí un poco de frío en mis pies pero nada más, abrí mis ojos y él me estaba mirando fijamente vi como su pupila se hacía un poco más delgada y podía ver mi cara en los ojos de él, empecé a sudar y volví a cerrar mis ojos, después de unos minutos no sentía ni escuchaba nada así que le dije que si ya podia abrir mis ojos a lo que él respondió que sí, cuando los abrí él seguía al frente mío, sus ojos estaban cerca de los míos, había mucho silencio y me dijo: "solo tienes una oportunidad para ver esto" se levantó y se desapareci.

No sabia donde estaba y tampoco porque me había dejado sola hasta que vi a Vera Sarcotinez, ella estaba en una habitación con el libro rojo sobre una mesa y en su mano izquierda tenía un dedo, encima de la cama estaba el oso de la historia, este no tenía un ojo y su aspecto era escalofriante, aparte de eso había un anillo estaba un poco viejo y oxidado tenía un diamante pequeño en la parte de arriba y una mancha roja, pude ver una foto y en esa foto estaba un hombre con sombrero, un niño y ella, me quedé mirándola fijamente y vi como ella escribía algo en el libro rojo, cuando termino de escribir se levanto de la mesa se acercó a la cama y la corrió, tomo un cuchillo que estaba encima de la mesa y se arrodillo en el piso dibujando una estrella con ocho puntas y justo en el centro escribió Vera Sarcotinez, tomo el libro rojo que estaba en la mesa, lo colocó en el centro de la estrella con algunas velas alrededor y empezó hablar un idioma extraño. Pasaron unas cuantas horas, vi como aparecía el hombre sin ojos con esa sonrisa aterradora, di unos cuantos pasos hacia atrás llegando hasta la puerta de la habitación donde estaba y pude ver por un lado de la puerta a dos niñas paradas, una tenía un vestido blanco mientras que la otra tenía un aspecto horrible, las mire, trate de acercarme a ellas y les dije "Emiliana, Isabella" me voltearon a mirar ante lo cual me dijeron que si yo estaba ahí para ayudarlas, les pregunté cómo podía hacerlo y la niña de vestido señalo con su dedo hacia el libro, cuando voltee a mirar el libro, el hombre sin ojos estaba cara a cara conmigo quedé paralizada paso su lengua por mi cachete y me dijo "es hora Verá" y se apartó de mí voltee a ver a las niñas y ya no estaban, cuando voltee la mirada vi como Verá Sarcotiez le entregaba el libro al hombre y este le promete algo a cambio de almas que lo leyeran, no escuchaba muy bien la pequeña conversación que ellos dos tuvieron pero él hombre tomó el libro y arrancó tres hojas, las tomó en su mano y desapareció.

En ese instante parpadeé y el hombre de manta negra me dijo "no tienes más tiempo porque de lo contrario correrás peligro en ese recuerdo". Colocó su manto debajo de mis manos, me miró fijamente, volvimos al limbo y cerré mis ojos. Esta vez el viaje no duro tanto, cuando abri mis ojos nuevamente ya estabamos en mi habitación, estaba sentada al lado de mi cuerpo, el libro estaba en mi mano, yo estaba temblando y mi cuerpo estaba sudoroso, el hombre con el manto negro me dijo que tenia que encontrar esas tres hojas antes de que mi cuerpo se pudriera, agache mi miranda y abri el libro rojo que tenia en mis manos, y mire la fecha "1962" él me miró y le pregunte: "Esa es la fecha de mi muerte" él me miro y me dijo: "tienes la posibilidad de cambiar su futuro", no sabía cómo, estaba completamente desconcertada no sabia donde buscar esas hojas, si ese hombre sin ojos las tenía ¿como iba hacer para recuperarlas era imposible?, le dije que me ayudara a lo que él respondió que me podía dar algunas pistas para que yo encontrara las hojas, pero que tenía que tener mucho cuidado, porque en mi travesía iba a encontrar algunos peligros, pero que antes de todo tenía que leer el libro hasta donde hacía falta las hojas y que cuando llegara a ese punto, él volvería, le dije que cómo iba a saber él cuando yo llegara a las hojas faltantes y él sacó de su manto una especie de flauta antigua, me dijo "Cuando llegues a la primera página faltante tienes que tocar las siguientes notas". Me dio un papel y en ese papel estaban unas pequeñas notas musicales era muy sencillo de echo yo ya habia visto estas notas en un libro de música que había leído, se llamaba "las tres hojas", tome el papel en mi mano y lo guarde en mi bolsillo, y me dijo mi nombre es "Hunti Linor" guia de las almas en problemas, el hombre sin ojos es "Eider" y el nombre de la anciana supongo que ya lo sabes. Me miró y se desvaneció al frente mío.

10

SU PRESENCIA

Me quedé sentada, pensando junto a mi cuerpo, desconcertada por todo lo que había pasado, maldije el día que encontré este libro y aún más sentí mucha rabia e impotencia por las almas que ya se habían perdido por culpa de este libro. Llore, llore desconcertada, llore sin alivio, no quería morir, no quería que nadie mas muriera por culpa de esta maldición, si se le podía llamar así, no sabía que pasaba por mi mente, no sabia que pasaba con mi cuerpo, sentí tristeza al ver a mi madre y padre tristes y desconcertados todo el tiempo, quería dejarle pistas a mi madre de que estaba viva, quería mover un dedo o respirar un poco más fuerte para que ella supiera que yo estaba ahí pero no sabía cómo hacerlo.

Antes de empezar a leer el libro, me pare al lado de mi cuerpo y trate de mover un dedo, lo intente por varias horas pero no funciono, trataba de moverme de lado a lado, balanceando mi cuerpo para ver si mi cabello cambiaba su posición pero nada funcionaba. Derrotada me tire al piso y guarde silencio, escuche como mi madre se despertaba asustada y le dijo a mi padre que si había escuchado un ruido, me quedé quieta porque sabía que mi madre me habia sentido, asi que ella y mi padre corrieron a la habitación, abrieron la puerta, prendieron la luz y se sentaron junto a mi cuerpo, me levanté del piso e intente mover mi mano y esta vez si funciono mi madre sin casi poder hablar me dijo, "Celeste no te preocupes, estamos acá", mi madre miro a mi padre, se tomaron de la mano y lloraron, mi padre se levantó de la cama corrió hasta la habitación de él y llamo al medico y le dijo que yo había movido una mano, colgó y regresó a la habitación.

Estando en la habitación mi padre le dijo a mi madre que el doctor ya venía para la casa, mi madre preparó un poco de café y yo estaba al lado de mi cuerpo preparada para mover mi mano, quería que el doctor me viera y que les diera buenas noticias a mis padres, cuando llego el medico entro a la habitación y tomo mis signos vitales miro las máquinas que estaban en la habitación y dijo que mi salud estaba mejorando, que mis signos vitales estaban mejor y que lo más probable era que se podría desactivar una máquina.

Todos estaban felices hasta que sentí una presencia maligna en mi habitación, mire a mi alrededor pero no vi nada estaba esperando a que alguien entrara pero no entró nadie, hasta que sentí como una gota caía en mi hombro izquierdo voltee a mirar toque eso con mi mano derecha y no era agua, tenía una contextura como biscosa, parecía saliva, eleve la mirada y ahí estaba Eider, me quede inmovil, todo su cuerpo estaba encima del mío, con su lengua toco mi cara y me dijo, " ya casi es hora" estiró su mano y tocó el pecho de mi cuerpo en la cama y en ese momento mi cuerpo entró en un paro cardiaco, el doctor sacó un poco de medicinas que traía en su maleta y me aplico varias inyecciones trató de reanimar mi cuerpo, pero mi cuerpo no reaccionaba, yo estaba frente a mi cuerpo sin saber qué hacer, le grité a Eider que me dejara en paz desesperaba me tire al piso, toque mi cabello y vi que la flauta estaba al lado de mis pies asi que la tome en mis manos y empecé a tocarla, en cuestión de segundos llegó Hunti, apartó la mano de Eider de mi pecho y mis signos vitales empezaron a reaccionar.

Eider se paró frente a Hunter y le dijo: " no podrás ayudarla por mucho, el tiempo se agota y voy a empezar a descomponer su cuerpo" y Hunter con su mirada apagada le dijo: "Conoces las reglas del juego" Eider le da la espalda a Hunter camina hacia mí y me dice: "la luna casi es llena, y cuando llegue a su punto máximo, no habrá marcha atrás, disfrutare comerme tu cuerpo" sacó su lengua larga y la paso por sus labios y se desvaneció frente a mi.

Mire a Hunter y le agradecí por haber llegado a tiempo, tenía los ojos llenos de lágrimas, mis manos temblaban, no quería morir, Hunter se acercó a mí y me dijo: "Esta vez corriste con suerte porque estabas acá, pero necesito que termines de leer el libro" le dije que sí moviendo mi cabeza en signo de afirmación, Hunter tomo el libro lo colocó en mis manos y me dijo: "espero que la próxima vez que me llames sea para buscar la primera hoja perdida" me miró y se desvaneció.

Mientras tanto mi madre y mi padre estaban un poco alterados por todo lo que había sucedido, mi padre trataba de calmar a mi madre y él doctor revisaba mi cuerpo, cuando todo se normalizo él doctor dijo que tal vez el movimiento de mi mano, era un aviso de las ondas cerebrales para atender el paro cardiaco a lo que mi madre respondió que "no" ella dijo : " Creo que mi hija necesita ayuda, tal vez es un aviso para estar más pendiente de ella" él doctor y mi padre se miraron, mi padre agacho su mirada y el doctor le dijo: "señor Ciro, me podría permitir algunas palabras" a lo que mi padre dijo que "si" salieron de la habitación y yo me fui detrás de ellos.

Llegaron hasta la entrada de la casa, el doctor tenía su maleta en la mano y ya se había puesto su gabán y le dijo a mi padre "Señor Ciro con todo el respeto que usted y su esposa la señora Rebeca se merecen, quiero ser muy sincero con usted, esta vez pudimos atender el paro cardiaco de su hija a tiempo pero va a llegar un momento en el que no podamos hacer nada, yo si veo un poco de mejora en la joven pero no creo que sea por mucho tiempo, no quiero que se hagan falsas ilusiones porque la verdad aun no tengo claridad del porqué su hija manifiesta una enfermedad asi, cuando no hay hallazgos extraños en el cuerpo" Mi padre miró con desdén al doctor y le dijo que se retirara de la casa pero aun agradeciendo por asistirlos, le dijo que mientras estuviera en las manos de él, salvaría mi vida. Con resentimiento lo sacó de la casa y le dijo que no iban a necesitar más de los servicios, el doctor se colocó su gorro y caminó hacia el carro.

En ese momento sentí aun mas fuerzas porque vi que mi madre y mi padre me necesitaban, mi padre se quedó en la entrada de la casa y lloro un poco, se arrodillo y le pidió a Dios que le ayudara, pues si bien mi padre no era el más devoto, en medio de su desesperación acudió al rezo. Se levantó se secó las lágrimas y se fue para mi habitación, yo caminé detrás de él y cuando llegué a la habitación mi padre le dijo a mi madre que se fueran acostar ya que había sido un día muy largo. Me acomodaron las sábanas, mi madre me dio un beso en la frente y se fueron para la habitación de ellos, yo por mi parte me senté junto a mi cuerpo, abrí el libro y empecé a leer de nuevo.

11

ABORTO

"Después de escuchar las palabras de Cirpirano, me llené de fuerzas para seguir con mi vida, organice nuevamente el cuarto de Isabella, dejando todo en el sótano, me deshice de algunas cosas y organice toda la casa. No quería seguir en la casa encerrada, porque sentía la presencia de Emiliana en la casa y aun sentía que Isabella estaba con Emiliana. Hablé con Cipriano para saber si podía conseguir algún trabajo para salir de la casa y no seguir más allá, él me ayudó y al poco tiempo estaba trabajando en servicios de limpieza, cuando empecé a trabajar todo iba muy bien, cambié mi actitud con Cipriano y todo en la casa marchaba perfectamente.

Tres años después todo seguía como si nada, hasta que un día la volví a ver. Mientras dormía tuve un sueño muy extraño, soñaba que volvía a matar a

Emiliana pero esta vez ella me suplicaba por su vida, me pedia perdon mientras yo la desmembraba, me sentí aterrada porque yo no quería matarla pero sentía que necesitaba hacerlo, así que seguía desmembrandola. Cuando me desperte tenia el oso en la mano, yo estaba sudorosa, eran las tres de la tarde, tiré el oso y llore desconsolada, le pedí perdón por haberla matado y cuando me sequé mis ojos ella estaba al frente mío, su aspecto era aún más escalofriante, le hacían falta unos dientes, no tenía un ojo, le faltaba parte de su cabello, su cara y su cuerpo estaban en los huesos, me sentí llena de miedo, abrí los ojos, por el asombro al verla así y le dije que se largara, Emiliana abrió su boca y el olor era nauseabundo y me dijo: "Hasta el dia en que tu cuerpo se esté descomponiendo en un ataúd y sus órganos están llenos de su gusanos, hasta entonces te dejare en paz, porque sé que nos vamos a encontrar en el infierno". Nunca olvidaré esas palabras, me marcaron de por vida, sabía que había cometido el peor error de mi vida al haber matado a mi hija, pero ya no tenía marcha atrás si no que tenía que vivir así. Deje que su alma viviera en la casa, algunas veces pensaba en Isabella, ella nunca se me apareció en la casa, supongo que ella sí alcanzó a pasar a la luz eterna y no dejó ningún asunto pendiente en el mundo de los vivos, mientras que Emiliana sigue acá atrapada.

Todos los días veo a Emiliana caminar por los pasillos de la casa, arrastra sus pies, deja toda la tierra detrás de ella, en algunas ocasiones puedo ver los gusanos en las paredes, hasta en la comida, pero aprendí a vivir con eso, ya no le tenía miedo. Cuando cumplí mis cuarenta años, sentí que había vivido los peores años de mi vida en la casa junto a Emiliana, cada día, hora, minuto y segundo ella estaba ahí esperando con ansias mi muerte. Desesperaba saber que cuando llegara mi tiempo para morir, tendría que verla y sentirla aún más, no quería seguir así, quería que se largara, no podía vivir un año más así, cuando cumpli mis cuarenta y cinco años me empecé a sentir extraña, tenia mareos y nauseas, fui donde mi vecina y le comente mis sintomas ella me toco el estomago y me dijo que estaba embarazada, no podía creerlo, me daba muchísimo miedo pensar que fuera otra niña, no quería volver a pasar por lo mismo.

Estando acostada en esa cama en la casa de mi vecina empecé a llorar melancólicamente, ella me dijo: "¿qué te pasa?" a lo que yo le respondí: "¿Cómo es posible que esté embarazada otra vez? y lloraba sin parar, ella se levantó de la silla donde estaba se acerco a mi, me tomo de la mano y me sentó en la cama y me dijo que le contara cuál era mi problema, yo me limpie los ojos y le dije: "me ha ido mal con mis hijos, siempre pasa algo, la verdad creo que no estoy preparada para tener otro bebe, no quiero tener este bebe" ella me miro y me dijo: "yo te entiendo tengo cinco hijos y todos me han pagado muy mal, a pesar de ser una muy buena madre ellos no miran eso, me abandonaron y se llevaron todo" y ella tambien lloro y yo aproveche ese momento de debilidad y le dije: "ayúdame, no quiero tener este bebe" ella me miro y me dijo: "estás segura" yo respire profundamente y le dije: "no, se que es una mala decision y es pecado frente a los ojos Dios matar a alguien, pero la verdad me ha ido muy mal y no quiero vivir mas asi" y obviamente volvi a llorar, ella me dijo que me calmara y que cuando estuviera segura volviera que ella me ayudaria, me limpie los ojos y le di las gracias y le dije: "Cuando tenga ese sí rotundo volvere" antes de irme de la casa de ella le dije que no quería que nadie se enterar y ella me dijo que no me preocupara que todo hiba hacer secreto, le di nuevamente las gracias y me fui para mi casa.

Claramente nunca le conté a Cipriano, no quería que él se hiciera ilusiones con un bebe que no iba a nacer, me tomó casi un mes y medio tomar la decisión definitiva para hacerme la idea de que realmente no quería otro hijo. Durante todo ese tiempo me colocaba unas telas y me apretaba el abdomen para que no se me viera el estómago grande aparte de eso no cumplía ningún antojo, cuando tenía ganas de vomitar esperaba a que Cipriano se fuera. Un dia cuando Cipriano se fue a trabajar, supe que era el momento perfecto para acabar con todo este tema de una vez por todas, me fui para la casa de mi vecina, cuando llegue a la puerta golpee tres veces, me abrió, le dije que estaba preparada, ella me dejo seguir a la casa y me dijo que me quitara la ropa, mientras yo me desnudaba ella se fue a preparar todo en el baño, lleno la tina con agua tibia, cuando estaba medio llena me dijo que me sentara en el agua y empezara a pujar con mucha fuerza. Gritaba y sudaba, pero sentía que no estaba funcionando así que ella me tomó de la espalada, me recostó un poco en la tina, me dijo que abriera las piernas y metió su mano, sentí mucho dolor y ella me decía que pujará fuerte, gritaba y gritaba hasta que ella me dijo: "ya esta, por fin acabamos" sentí un gran alivio. Mientras estaba descansando ella me dijo "parece que iba a ser una niña" sentí mucha rabia, quería tomar a ese bebe en mis manos y estrangular, y le dije: "matala" y ella me respondió: "no será necesario, la niña no ha llorado y tiene la cara morada" se dio la vuelta tomo a la bebe y la coloco en una camisa vieja que estaba junto a la tina, volvió a darse la vuelta mirándome y me dijo que tenía que hacerme una limpieza interna para que no sufriera infecciones, así que introdujo su mano y sentí un dolor muy fuerte, cuando termino, saco el agua de la tina limpiando todo y me acomodo en unas sábanas que estaban en el piso, yo estaba sangrando y ella me dijo que era normal, que esperara un poco y después de eso podía ir para la casa.

Yo estaba en el piso desnuda con mis piernas abiertas y sangrando un poco, la bebe estaba al lado de mi pie izquierdo, muerta en esa camisa vieja, después de un rato simplemente me quedé dormida. Una vez pasaron dos horas la señora me levanto, me dijo que me vistiera y que teníamos que sacar a la niña. Me levanté lentamente, me sentía algo mareada ella me dio un poco de agua con algunas plantas medicinales y me dijo que con eso mejoraría. pasandos unos cuantos segundos ya me sentía un poco mejor, me levanté y me vestí, ya no estaba sangrando tanto, cuando termine de arreglarme envolví bien a la bebe en la camisa, y le di unas cuantas monedas a la señora, me despedí de ella y le di las gracias por todo. Ella me dijo que tuviera cuidado donde dejara ese bebe, que nadie lo podía ver, porque si alguien la llegaba a encontrar me mandaría a la orca frente a todos, le asegure que no permitiría que nadie se fuera a dar cuenta y salí de esa casa.

Mientras caminaba trataba de esconder a la bebe en la camisa, llegue hasta un potrero grande, deje el cuerpo ahí y salí corriendo cuando llegue a mi casa me sentía un poco débil, pero estaba feliz de ya no tener esa cosa en mi estómago ni en mi vida. Me fui hasta mi habitación, me recosté en la cama y me quedé en un sueño profundo.

Cuando me levante Cipriano ya estaba en la casa y me dijo que si estaba enferma a lo que yo le respondí que no, que estaba algo cansada, me levante y cocine algo para los dos, cuando la comida estaba lista nos sentamos en la mesa a conversar un poco, me sentía algo mareada y le dije a Cipirano que no me sentía bien, él me dijo que me recostara, me dio un poco de agua y me dijo que dejara ese trabajo hasta que me mejorara un poco a lo que accedí.

12

PRIMER PRUEBA:"EL DEDO"

Fue ahí cuando me di cuenta que faltaba la primera hoja, cerré el libro y lo deje al lado mio, tome la flauta que estaba al otro lado y empecé a tocarla, en cuestión de segundos llego a la habitación Hunti Linor. Apareció al frente mío y me preguntó: "¿has llegado a la primera hoja faltante?" le dije respondí afirmativamente, me miró y pude ver como su color de ojos cambio ya podía ver su pupila esta vez tenía forma ovalada, me dijo: "Por cada hoja que haga falta una prueba tendrás que pasar, en todas las pruebas un guía tendrás, si fallas en alguna prueba Eider tu cuerpo se comerá" me quede anonadada, "¿como que pruebas?" me pregunté a mi misma, me quedé sin aliento, él me miró y me dijo: "En el último viaje que hicimos llegamos a una casa donde estaba una mujer, esta mujer tenía unas cosas en la habitación, para recuperar cada hoja faltante tendrás que recuperar tres cosas importantes que viste en la habitación de esa mujer". Me quede pensando y recordé la casa de Vera Sarcotinez, Hunti me miro y me dijo: "por el dedo empezarás", se acercó a mí y me dijo: "por cada prueba, un acertijo te voy a otorgar, pero tiene que tener en cuenta, que el tiempo correrá" sacó de su manto un reloj de arena muy antiguo y me dijo "esta es tu vida en cada prueba, cuando empiece la prueba, el reloj comenzará a correr, si el tiempo se agota, ese sera el final".

Mientras hablaba, caminaba por la habitacion moviendo el reloj de arena, se quedo parado mirando una pequeña pintura que habia en mi habitacion y me dijo: "Claro esta que no vas a estar sola, un apoyo siempre tendras", dio un giro quedando frente a mi y dos pasos hacia la izquierda cuando detras de él aparecion un pequeño duende, su aspecto era pavoroso; su color de piel era amarillo, sus dientes estaban punteagudos, sus uñas eran muy largas, vestia de negro, tenia en su cabeza algunos cabellos y su cara estaba arrugada, de repente me dijo: "Hola, mi nombre es Abaturc" su voz era aguda, me quede inmovil y le respondi sin abrir mucho mi boca y en voz baja: "Hola", me miro, sonrio y me dijo: "No tengas miedo, yo te voy ayudar".

Hunti me dijo: " A una casa tendrás que entrar, en ella te vas a esconder, sin casi poder respirar, porque si alguien te llega a mirar, la prueba perderás, sin importar lo que mires, a nadie podrás ayudar, solo la prueba pasaras si el dedo llegas a encontrar" le dije que me diera alguna pista para encontrar el dedo y me dijo: "A el lugar que te voy a llevar, un acertijo te voy a regalar" se acercó a mi me tomo de las manos y Abatuc me tomo del vestido, me dijo: "Cierra tus ojos, el viaje va a empezar".

Sentí que esta vez mi cuerpo giraba a tal punto que sentía que en cualquier momento saldría disparada en cualquier dirección, cuando deje de girar abrí mis ojos, Hunti estaba al frente mio y me dijo "Entre mas lo mires, mas dudaras de eso", sacó el reloj de arena y le dio la vuelta, la arena empezó a bajar y se desvaneció. Cuando me di la vuelta estaba en la entrada de una casa, pensé que estaba abandonada porque las luces estaban apagadas, el viento soplaba muy fuerte, me dolió mucho pues la casa tenía un aspecto corroído, los vidrios rotos y la madera de las paredes quebrada. Abartuc me dijo: "tenemos que entrar el tiempo está corriendo", camine hacia la entrada principal con Abartuc al lado mio, cuando llegamos a la entrada, la puerta estaba llena de telarañas, la abrí con cuidado y mientras la abría pensaba en las últimas palabras de Hunti, Abartuc me dijo que me ayudara en los espacios más pequeños a buscar y que yo me encargara de los lugares grandes, antes de irse me dijo que tuviera mucho cuidado con las cosas, que no fuera a romper nada y que no me dejara ver, le dije que sí y se fue a hacer su parte.

Entre con cuidado a la casa y empecé a caminar por esos pasillos, donde las tablas estaban rotas de las cuales salían de ellas insectos, grandes arañas y algunos ratones, las paredes estaban llenas de sangre, la casa tenía muchos cuadros, pero lo más impactante fue darme cuenta que había algunos cuerpos colgados, quería gritar y salir corriendo de ahí, pero sabía que mi vida estaba corriendo peligro, asi que segui.

Cuando empece a escuchar unos gritos en una habitacion, me acerque y pude ver por la puerta a un hombre, grande y obeso, estaga golpeando a una mujer, ella gritaba desesperadamente porque él la tenía de su cabello dandole algunos golpes en su cuerpo, claramente ella no tenia escapatoria, sentí mucha impotencia porque ese hombre después de unos segundos pegandole le dio un fuerte golpe en la cabeza que al parecer fue fulminante pues ya no reacciono; la tiró al piso, la arrastró de su cabello y dejó el cuerpo recostado sobre una pared, antes de que la mujer muriera pude sentir el miedo que le tenía a ese hombre, corrí y me escondí en un baño, cerré la puerta con llave y llore por aquella mujer que acababa de morir, queria salir de esa casa, pero no tenía más opción.

Abrí la puerta del baño y vi al mismo hombre por el pasillo llevaba en sus hombros a otra mujer ella que tenia rastros de haber sido golpeada, toda su cara estaba llena de moretones, sentí mucha tristeza, me tape la boca con mi mano y en ese momento aparecio Abartuc al lado mio, cuando lo mire temble del miedo, me toque el pecho y respire un poco y le dije: "casi me matas del susto" y él solo me preguno que si había encontrado algo y le dije: " no he buscado nada hasta el momento, estoy aca en este baño porque tengo miedo de ese hombre" Abartuc me miro y me dijo: "esta es la casa del hombre que maltrata y abusa a las mujeres, les pega hasta matarlas, es conocido como el carnicero de mujeres pero jamas lo han identificado la justicia de tu mundo, corres mucho peligro acá, el tiempo corre y tenemos que encontrar el dedo" y pense en voz alta y dije: "Entre mas lo mires mas dudaras de eso, esas son las palabras que uso Hunti, que quiere decir eso" me quede pensando unos cuantos minutos y le dije: "Abartuc ¿qué objetos hay en la casa que tengan algun patron o tiendan a repetirse?" él se quedó pensando y me dijo "los cajones, los tapetes y los cuadros" me quedé pensando por unos minutos y le dije: revisa en todos los cajones y tapetes, yo revisare en todos los cuadros, Abartuc desapareció de mi lado y yo salí del baño muy despacio a buscar en todos los cuadros.

Mientras yo revisaba los cuadros en los pasillos me daba mucha curiosidad las habitaciones y empecé abrir sigilosamente las puertas para mirar las habitaciones por dentro, me di cuenta que no habian muebles sólo me encontré con muchas mujeres, muchas de ellas se encontraban con rastros de abusos recientes pero al parecer estaban bajo efectos de somníferos, otras tenían golpes, otras muertas. Ya no quería seguir mirando más, hasta que llegué a la última habitación, y vi a muchas mujeres encerradas ahí, como si estuvieran esperando a que ese hombre llegara para hacerles daño. me quedé asombrada de la cantidad de mujeres que habían en la habitacion y ahi llego Abartuc y me dijo que no había encontrado nada, le dije que yo tampoco, que me hacía falta algunos cuadros así que empezamos a buscar detrás de los cuadros del segundo piso de la casa.

Caminamos por toda la casa con mucho cuidado buscando detrás de cada cuadro, hasta que en una visión vi a Hunti con el reloj de arena casi lleno, se me estaba acabando el tiempo, me quería dar por vencida no encontraba el dedo, hasta que me acordé del primer baño, donde me había encerrado, ahí había un cuadro. Empecé a caminar un poco mas rapido baje las escaleras y llegue al baño del primer piso, abrí el baño descolgué el cuadro que había en la pared, sentí mucho alivio ya que ahí estaba el dedo. Lo tomé en mis manos, respiré profundo, cerré mis ojos y cuando los abrí, estaba afuera de la casa junto a Hunti y Abartuc, me sentí muy aliviada, quería llorar de la emoción.

Una vez afuera me dijo Hunti "La primera prueba has pasado, es hora de volver" y en ese instante me acordé de las mujeres que estaban en esa habitación, le dije que si podía volver a entrara a la casa, que quería ayudar a esas mujeres, él me miró y me dijo "Cuando la prueba empezó, te dije muy claro que no podrias ayudar a nadie" y le respondí "Pero ya pase la prueba" él me miró por unos cuantos segundos y me dijo "es bajo tu responsabilidad si el hombre te llega a mirar o atrapar, morirás". Mire al piso y me quedé un poco pensativa, no podía borrar de mi mente a esas pobres mujeres, así que no me importo, le dije que si, él me entregó la flauta y me dijo: "solo tienes que tocarla cuando decidas regresar".

Mientras caminaba hacia la casa, sentí que alguien tocaba mi vestido, volteé a mirar y era Abartuc y me dijo "yo te ayudare". Cuando llegamos a la puerta de la casa, la abrí con mucho cuidado, sin hacer mucho ruido. Camine por esos pasillos desolados y subimos las escaleras, cuando llegue a la puerta de la habitación escuche como el hombre corría hacia la misma dirección donde yo estaba, asi que camine rapido sin hacer mucho ruido y me escondi detras de una mesa de madera que estaba cerca de mi, me quede quieta sin casi respirar, el hombre buscaba por todos lados y yo me escondía como si fuera una pequeña rata, espere unos minutos y vi como una mujer corría por el pasillo, ella estaba desnuda y se le podía ver por su espalda un poco de sangre, el hombre dio dos saltos y la alcanzó, la tiró al piso, con una fuerte patada que le dio en la cara la mujer falleció.

Me tape la boca con mis manos y se me salieron algunas lágrimas, el hombre tomó el cabello de la mujer y se la llevó arrastrada por toda esa madera podrida, donde su cuerpo se raspaba por los tornillos salidos. Espere unos minutos y le dije a Abartuc "tienes que distraer al hombre y yo abro rápido la puerta, dejando en libertad a las mujeres" Abartuc me dijo que sí, y desapareció, yo solo escuche como se empezaron a romper algunos platos en el primer piso, cuando el hombre escuchó el ruido salió corriendo para averiguar lo que era lo que estaba pasando.

Abartuc apareció nuevamente al lado mio, cuando lo ví, salí corriendo para abrir la puerta de la habitación, llegue a la puerta, moví el cerrojo y antes de abrirla, les dije todas las mujeres, "están en libertad", le di un empujón a la puerta permitiéndoles escapar de aquel lugar de pesadilla y me volví a esconder detrás de la mesa. Abartuc me dijo que corriéramos al lado opuesto de la salida para que nadie nos viera, corrimos y entramos en un cuarto vacío, yo solo pude escuchar como el hombre gritaba con desesperación, me dio mucho pavor, así que saque la flauta y la toque.

Llegamos a la parte trasera de la casa, estábamos Hunti, Abartuc y yo,ahí pude contemplar como todas esas mujeres corrían, me percate que ese hombre nunca salió de la casa, me dio mucha intriga así que le pregunté a Hunti que por que esas mujeres estaban ahí, y él me dijo: "ese hombre colecciona mujeres, mujeres débiles con mucho sufrimiento en sus almas, él envia personas falsas a que lleguen a esas mujeres para persuadirlas y traerlas a esta casa. Él no puede salir ahí, ese fue el trato que hizo cuando dibujó la estrella de ocho puntas en el piso de su casa, hoy liberaste a muchas mujeres, pero él seguirá coleccionando el sufrimiento de almas débiles". Dejó de hablar, me volteo a mirar y colocó sus manto sobre mis manos, Abartuc tomo mi vestido, nuevamente volvimos a girar y llegamos a mi habitación, Abartuc me dijo: "Me siento muy complacido de que hayas ayudado a esas mujeres y yo haya podido serte de utilidad, te lo agradezco, por lo pronto nos veremos en una próxima ocasión" y se desvaneció en el manto de Hunti quien a su vez me dio el libro y me dijo: "Cuando llegues a la hoja faltante solo tienes que volver a tocar la flauta", tenía muchas preguntas en mi cabeza pero sabía que él no las podía responder, así que opte por no preguntar nada, él me miró y se desvaneció al frente mio.

Me quede pensando en todas las cosas que vi en esa casa, pero lo que más me inquietaba saber, era que ese hombre también había hecho la estrella de ocho puntas, que significaba eso, porque nuevamente esa estrella, tenía tantas cosas en mi mente, pero no tenía ni una sola respuesta cerca a mi.

13

INVESTIGACION

Mire el libro, toque la mano de mi cuerpo, me mire a mí misma y me dije que iba a salir de esto que me estaba pasando, abrí el libro en la parte que me había quedado y vi como aparecía la hoja, me quede sin palabras al ver que la hoja que hacía falta, era un simple dibujo. Había una estrella de ocho puntas, la hoja tenía marcas de sangre y en el centro de la estrella decía Vera Sarcotinez, en ese momento lo leí en voz alta, casi de inmediato noté como de la hoja empezó a salir sangre, boté el libro al piso, y di unos cuantos pasos hacia atrás, me quedé esperando a que la sangre se derramara en el piso, pero no salio nada, la impresión de lo que pasaba me hizo quedar paralizada por unos segundos, me acerque al piso y volví a tomar el libro cuando lo abrí ya no había sangre, la hoja estaba ahí con la misma estrella y el mismo nombre, esta vez no leí nada en voz alta simplemente pase la hoja y seguí leyendo.

"Dibuje eso porque ella me lo pidió, algunas veces la escucho, no sale de mi mente, es como si jugara conmigo, como si tuviera todo el control de mi vida en sus manos. Llegué a pensar en matarme, en dejar todo esto atrás, no quería seguir viviendo con la presencia de Emiliana acechándome, estaba simplemente derrotada por mis malas decisiones no quería seguir acá. Por eso me puse en contacto con ella para que me ayudara y me sacara de mi muerte en vida, sin embargo, no se presentó ante mi.
Pasaron los días, ya me sentía mucho mejor, pero las cosas con Cipriano habían cambiado un poco, él empezó a cambiar de actitud pues era más hostil, llegaba tarde a la casa y empezó dejarse llevar por la bebida. No sabía que estaba pasando en mi hogar, un dia estaba acostada en mi cuarto cuando llegó Cipriano y de una patada abrió la puerta, me tomó del cuello y me dijo que era una perra, que no confiaba en mí, me solté y salí corriendo al baño donde me encerré. Él golpeaba muy fuerte la puerta, espere unos minutos y escuche como bajaba las escaleras. salí del baño, baje tras él, lo vi llorando en la sala principal,

me acerque y le dije que cual era el problema porque de repente actuaba de esa manera, por su parte me pidio disculpas, me dijo que tenía muchas cosas en la cabeza, que el deseo de él siempre había sido tener una familia numerosa, pero que siempre pasaba algo con sus hijos, nunca los podría ver crecer, y que ahora yo estaba enferma y él no quería que me pasara nada malo, lo tome de las manos y le dije que se calmara que arreglaramos y que juntos sanamos nuestras heridas, le di un beso nos fuimos, al cuarto e hicimos el amor.

Al dia siguiente me desperté un poco mas temprano me di una ducha, le hice un delicioso desayuno, lo desperté con un gran beso, él se levantó y se duchó, cuando termino de arreglarse nos sentamos en el comedor a desayunar, fue ahí cuando todo se volvió a derrumbar.

Tocaron la puerta, Cipriano se levantó de la mesa y fue abrir, pregunto quien golpeaba, eran unos soldados en compañía de un oficial, Cipriano abrió la puerta, se presentaron, nos dieron la mano, me dijeron que necesitaban hablar conmigo, hacerme algunas preguntas, Cipriano Preguntó al oficial el por que me iban a interrogar, a lo que el oficial respondió que estaban investigando sobre un bebe muerto que había sido reportado en las inmediaciones de la ciudad, estaban interrogando a todas las mujeres que vivieran en las cercanías para ver si hallaba algo, al parecer la noticia se esparció y estaban pidiendo justicia por lo que exigieron que tenían que buscar al responsable, no lo podía creer, era una maldición, le echaba la culpa a Emiliana ella me quería muerta, maldije en mi mente mi pasado y mi presente.

Los soldados empezaron hacerme varias preguntas, yo respondía todo, cuando tuve la oportunidad les dije: "que ya casi iba a cumplir mis cincuenta años y que para una mujer de mi edad era difícil quedar embarazada", hablaba con toda la calma del mundo, no quería que él oficial notara mis nervios. Cuando terminaron de hacerme todas las preguntas revisaron toda la casa, al finalizar todo el oficial le dio la mano a Cipriano y nos agradeció por haberle permitido entrar a la casa, respondiendo todo, de manera que se retiraron de nuestro hogar.

Cipriano no lo podía creer, estaba alterado, como era posible que pensaran que yo había matado a un bebe, me sentía muy mal, de hecho quería contarle toda la verdad a Cipriano, no quería seguir con todas estas mentiras, sentía que ya no podía guardar más secretos, así que tome una decisión que cambiaría todo.

Le dije a Cipriano que se calmara, le di un vaso con agua y le dije que necesitaba hablar con él, agache mi cabeza y empecé a llorar, él me dijo que cual era mi problema que yo podía confiar en él, me seque mis lagrimas y le dije que yo lo amaba como nunca en la vida había amado alguien, que él no solo era mi esposo, si no que era mi amigo, mi todo, le dije que ya no podia aguantar mas y que necesitaba sacar esto de mi corazón, mientras hablaba pensaba en contarle todo pero ahí fue cuando la escuche, ella me dijo que no podía hacerlo o si no que me mataría, me quedé en silencio, Cipriano me dijo que cual era mi problema, que hablara, y la vi, estaba parada detrás de Cipriano, era espeluznante nunca la habia visto, solo había hablado con ella un par de veces pero nunca se me habia presentado de esa manera, me quede inmovil y me dijo: "solo podras hablar del feto si eso quieres pero él no se puede enterar de nada más', se dio la vuelta y se fue caminando traspasando la pared de la sala.

Cipriano me tomo de la cara y me rogó que le contara, lo abrace y le dije que me perdonara, llore en los brazos de Cipriano, él se levantó y me trajo un vaso con agua, me quede inmovil en la silla de la sala, estaba pensando en esa mujer, realmente me aterro el aspecto de su cara, Cipriano volvió y se sentó al frente mio y me dijo que hablara, le dije que fui yo la que había dejado a ese bebe por el que preguntaron, él me miró y se tocó la cabeza, se levantó de la silla y empezó a gritar, me dijo que yo era un ser ruin, que había manchado con sangre el nombre de nuestra familia. En ese momento le dije que se calmara, que él necesitaba saber los motivos, se dio la vuelta y me dijo que le contara, le dije que hace unas semanas atras me sentia un poco extraña, empecé con mucho vomito y mareo, hasta que sentí un fuerte dolor en mi estómago en la parte de la pelvis, fui al baño pensando que era algo normal, pero que me sentía muy mal asi que decidi darme una ducha, llene la tina de agua tibia y me senté, cuando empezó a salir mucha sangre en ese momento me desmaye que no sabía por cuánto tiempo, no sabia que habia pasado en ese tiempo cuando me desmaye y cuando me desperté vi al bebe en la ducha, estaba aterrada porque no sabía que estaba embarazada y cuando tome al bebe en mis manos me di cuenta que estaba muerto, era como si alguien me hubiera sacado a mi bebe y lo hubiera matado, llore y no quería contarle porque me sentía avergonzada por eso abandone su cuerpo, de manera que yo había quedado en las peores condiciones y por ello no me sentía bien. Cipriano se quedo sin palabras, lo tome de las manos y le dije que si quería contarle a la policía que lo hiciera que no importaba, que lo más importante era que él me perdonará, Cipriano me miro y me dijo que él no iba hacer nada, y se fue para la habitación.

Después de esa conversación las cosas cambiaron, Cipriano ya no me hablaba, de hecho, me despreciaba, no me besaba, ni mucho menos se fijaba en mí, era como si yo no existiera en la casa, algo se había derrumbado entre nosotros. Pasaron muchos meses así, creo que pasó un año para que él me volviera a hablar, después de esa conversación que tuvimos.

Un dia estaba en la cocina cuando Cipriano llegó, se paró detrás mío y me dijo: "nunca te podre perdonar por lo que hiciste, pero quiero que dejemos eso en el pasado", me di la vuelta y lo abracé, lloré y lo bese, le dije que había esperado mucho tiempo para escuchar esas palabras, el me abrazo y me dijo que extrañaba sentir mi cuerpo en sus brazos, nos besamos y a partir de ese momento las cosas empezaron a cambiar, volvimos hacer una pareja perfecta y para ese entonces Emiliana, Isabella y el bebe habían quedado en el pasado.

En las siguientes semanas empecé a tener sueños escalofriantes, soñaba con una mujer en una casa extraña, esta mujer me correteaba por las habitaciones, pero entre mas corría mas cerca estaba de mi, hasta que llegó a una habitación en un segundo piso y me tiro por la misma ventana, pero antes de caer al abismo, ella toma mi mano y me dice que no tenga miedo, el aspecto de la mujer me indica que era una anciana, nunca recuerdo su cara pero si recuerdo que lleva dos trenzas que recogen su gran cabellera, una ruana azul y un vestido oscuro. Cuando me levanto siempre estoy sudando y en mi mano derecha aparece la ruana de la mujer de mi sueño, no entiendo quien es ni que quiere, pero necesito ponerle un fin, necesito hablar con ella nuevamente. Traté de contactarme con ella pero nunca apareció, empecé a colocar un par de velas en mi cuarto y las pesadillas dejaron de aparecer, después de eso llegó mi cumpleaños número cincuenta y dos".

14

SEGUNDA PRUEBA "EL OSO"

Cuando pase a la siguiente pagina me di cuenta que hacía falta otra hoja, cerré el libro, toque mi cabeza y me dije a mi misma, "vamos de nuevo", me levanté del piso donde estaba sentada, miré mi cuerpo en la cama, me percate que habían cartas y flores sobre la mesa, me sentí feliz, sentí que todos esperaban a que yo despertara, me acerque a la mesa y leí algunas, se escribían cosas muy bonitas, pero me di cuenta que la mayoría de cartas eran de mi mamá y de mi papá, ellos esperaban a que yo nuevamente moviera otra parte de mi cuerpo, vi mi cuerpo y quería intentar mover mis dedos nuevamente pero sentía miedo que Eider y esa anciana aparecieran e hicieran que pasará otra vez lo mismo.

Mientras miraba mi cuerpo sentí la presencia de Eider en mi habitación, tomé la flauta en mi mano lista para tocar la nota musical, pero el me dijo con su voz escalofriante "No vengo a matarte, vengo a decirte que esta prueba será aún más difícil que la anterior" se reia y yo trataba de buscarlo en la habitacion, tome la linterna y empece alumbrar en los lugares mas oscuros pero no lo encontraba y me dijo "Estoy ancioso por comerme tu cuerpo, de echo ya necesito uno nuevo, y cada que miro el tuyo en esa cama se me hace agua la boca", seguia riendose pero esta vez con mas fuerza y ahí fue cuando lo senti detras mio, su respiracion congelaba mi nuca y me quede paralizada, no podia mover mi cuerpo, la flauta y la linterna se me resbalaron de mis manos, quede inmovil, me toco el cabello y me dijo: "Porque te esfuerzas tanto por salvar tu vida, no te das cuenta que tu padre siempre ha deseado un varon y tu madre tambien" seguia riendose y en un abrir y cerra de ojos quedo al frente mio y me dijo: "Quiero tener el gusto de comerme ese cuerpo y ponerme esa piel", su olor era nauseabundo, su carne cada vez se despegaba mas de sus huesos y esos dos orifios en sus ojos eran como ver un agujero negro directo al infirno, cerre mis ojos y cuando los abri ya no estaba, me tire al piso quedando de rodillas mis manos sostenian mi cuerpo y mi cabeza quedó colgando todo mi cabello que se fue para adelante y mientras estaba ahí en el piso saqué fuerzas para seguir adelante me levanté y él seguía en la habitación, su cuerpo era muy largo su cabeza llegaba hasta el techo y me dijo: "seguiré esperando, porque sé que vas a fallar en alguna prueba" y la oscuridad consumió su cuerpo esquelético, tome la flauta del piso y empecé a tocar las notas musicales.

Llegó Hunti Linor, y me dijo: "supongo que llegaste a la otra hoja faltante" le dije: "sí" pero antes de que hablara le dije : "quién es esa mujer que Verá Sarcotinez invoca, porque nunca la había nombrado en el libro hasta este punto" Hunti me miro y me dijo: " hay veces las cosas no son como las leemos, hay secretos más allá, el ser humano siempre guarda secretos en lo profundo de su corazón, y prefieren morir antes que contarlos", le dije que me explicara porque no entendía a lo que me respondió: "Solo te tienes que preocupar por no morir, salvar tu cuerpo y no dejar que Eider consuma tu alma llevándote al infierno donde vas a sufrir por la eternidad" guarde silencio, ya sabía que él no me iba a dar respuestas, así que le dije: "Cuál es la siguiente prueba".

Volteo su cara y esa escalofriante mirada penetró hasta mis huesos, me quede pasmada, su pupila estaba diferente, esta vez había una estrella de cuatro puntas y en el centro de su ojo un punto rojo, algo en él había cambiado, sentí mucho miedo, aparte mi mirada de él, baje mi cabeza mirando hacia el piso, caminó lentamente hacia mi y me dijo: "El oso es el siguiente, has escuchado hablar de ese espacio pequeño que hay entre la vida y la muerte" lo mire y le dije: "no" volví agachar mi cabeza y me dijo "Te contaré una pequeña historia sobre una anciana".

"Hace muchos años atrás en el lugar más hermoso de la tierra vivía una anciana con toda su familia, esta anciana creía en la vida eterna, ya que tenía ciento cincuenta años, pensaba que se podía engañar a la muerte, sus familiares la trataron de aconsejar para que ella dejara esos pensamientos, pero ella se rehusaba a abandonar ese sueño. Un dia se fue para el cementerio, busco la tumba más vieja, cuando la encontró, tomó una pala que estaba en el cementerio y empezó a quitar toda la tierra que cubría esa tumba vieja, cuando llegó al ataúd lo abrió, quedó petrificada, al dia siguiente nadie encontraba a la anciana, pasaron varias semanas hasta que un joven fue a visitar a su madre muerta al cementerio y vio el cuerpo de la anciana en el mismo hoyo que ella cavo, desde ese entonces nadie sabe qué fue lo que realmente le pasó a la anciana, pero los rumores dicen que ella nunca respetó ese espacio entre la vida y la muerte, ella cavó su propia tumba,, se dice que el cementerio es el lugar de los muertos y hay que respetar a los muertos, como ellos respetan nuestro lugar aca en la tierra".

No sabia por que Hunti me estaba contando esa historia, solo prestaba atención, respiró fuertemente, se acercó a mí y me dijo : "este sera quien te ayudará en la siguiente prueba" dio dos pasos a la derecha y detrás de él apareció un duende, por un momento pense que veria de nuevo a Abartuc, pero no tardé en darme cuenta que era uno completamente distinto, su aspecto era de muerte, su cara era pálida, tenía arrugas y vestía un manto con gorro puntiagudo oscuro, Hunti me dijo: "Él es el espíritu de un duende llamado Trasno".

Hunti se acercó a mí, colocó su manto sobre mis manos, Trasno tomo mi vestido, vi como pasabamos por un camino muy estrecho, era casi imposible respirar, cerré mis ojos y sentí que mi cuerpo se estaba aplastando por la presión de las paredes que íbamos cruzando, solo hasta que senti que podia respirara abrí mis ojos, estábamos en un cementerio, me quede sin palabras, pensé en la historia de Hunti y me daba miedo terminar como esa anciana, entonces Hunti me dijo: "Un oso tendrás que encontrar, tal vez tendras que irrespetar ese espacio entra la vida y la muerte, pero se inteligente, recuerda todos los objetos siempre tendrán un solo dueño, mira más allá del escenario que vas a encontrar y ten presente solo los muertos pueden tocar a los muertos" sacó de su manto el reloj de arena y le dio un giro para que empezara a caer la arena y me dijo: "Buena suerte" y desapareció.

Me quedé pensando unos minutos en la historia de Hunti y en el libro de Vera, no quería perder mucho tiempo así que saqué conclusiones rápidas. En la historia de Hunti lo importante es no pasar esa línea entre la vida y la muerte, ahora bien, en el libro de vera la dueña del oso era Emiliana, pero ella se lo paso Isabella e Isabella se lo dejo a Vera, mire a mi alrededor y rápidamente me di cuenta que este cementerio no era de mi época, de hecho, parecía un cementerio muy antiguo, había mucha neblina y el olor era repugnante, la tierra estaba algo pantanosa, las lápidas estaban sucias, habían matas pegadas en algunas lápidas, no se podía reconocer ni la fecha ni el nombre de las personas y a lo lejos había una casa, parecía desolada, sabía que no tenía mucho tiempo para seguir ahí parada, así que le dije a Trasno "vamos a buscar dos lápidas, una con el nombre de Emiliana y la otra con el nombre de Isabella, la fecha tiene que ser de 1765 mas o menos".

Los dos corrimos por lados opuestos e iniciamos la búsqueda, sentí que pasaba mucho tiempo y no encontrábamos nada, yo trataba de quitar toda esa tierra de las lápidas para poder leer los nombres o las fechas pero era casi imposible, estaba todo muy sucio y desgastado, mis manos estaban llenas de barro y ni hablar de mis pies, era como si el cementerio tratara de absorber mi cuerpo, me sentía derrotada, cansada, eran muchas tumbas y solo había revisado como cinco lápidas, era difícil caminar por ese pantano.

Agotada casi sin esperanzas escuche a Trasno, él me dijo con su voz aguda "Encontré a Isabella" voltee a mirar y le dije "Donde estas" empece a mirar por todos lados, él estaba a unas cuantas tumbas de mi, me miro y me dijo "ten mucho cuidado donde pisas, recuerda que este es un lugar sagrado, tienes que respetar la tumba de cada muerto", empecé a caminar con mucho cuidado por esos pequeños espacios que rodeaban las tumbas y me di cuenta que la tierra era diferente en esos puntos, podia caminar mas rapido y ya no era pantanoso. Cuando llegue a la tumba, mire el nombre y decía "Isabella" no se podía ver su apellido y la fecha estaba un poco borrosa, solo se podían ver dos números "el uno y el siete" separados, la lápida tenía varias marcas como rasguños, algunos golpes, estaba rota y muy descuidada.

Así que mire a mi alrededor, vi una pala la tome y empecé a cavar, mientras cavaba pensaba en las últimas palabras de Hunti "solo los muertos pueden tocar a los muertos" estaba cansada y mis manos me estaban doliendo, entre más cavaba la tierra, se volvia más pesada, hasta que sentí que la pala había golpeado algo, retire la poca tierra que quedaba con mis manos y vi que era un ataúd de una niña, su color era una mezcla entre blanco y vino tinto. Cuando vi que mis manos estaban llenas de gusanos, salí corriendo de ese hoyo y empecé a limpiarme con mi vestido, me quería quitar toda la ropa, sentía que esos gusanos caminaban por toda mi espalda.

Mientras me limpiaba pude ver en una visión el reloj de arena, ya estaba más abajo de la mitad me di cuenta que el tiempo se me estaba agotando, y le dije a Trasno "Ahora necesito de tu ayuda, solo los muertos pueden tocar a los muertos, así que baja a ese ataúd abrelo y encuentra el oso". Trasno fue hacia el ataúd y lo abrió, salió el olor más pútrido que podía imaginar, me tape la nariz con mis dos manos y le dije a Trasno "Rápido no tenemos mucho tiempo".

Pasaron unos cuantos minutos y el olor era aún peor, cuando vi que del ataúd salía una niña con un aspecto espantoso, su cabeza estaba algo hundida y tenía en algunos lados de su cuerpo un poco de piel quemada, su cara era escalofriante, sus labios colgaban, no tenía orejas y se le podía ver varios agujeros por causa de los gusanos. En ese momento salio Trasno y me dijo "No se pare encima de la tumba de los muertos" voltie a mirar hacia mis pies y estaban cubiertos de tierra, no me podia mover y esa niña se acercaba mas a mi, trataba de correr pero no podia, quede sentaba en ese lodo y empece a cavar con mis manos haciendo dos agujeros a los costados de mis pies, logre sacar mis pies, me levante y di un salto y me quedé de pie en ese pequeño espacio que hay de una lápida a otra lápida, respire profundo y esta vez tenia más gusanos y lodo por todo mi cuerpo, trataba de limpiarme un poco cuando voltee a mirar esa niña estaba al frente mio, queria vomitar por el olor que tenía y sentía escalofrío por el aspecto terrorífico que ella tenia en ese momento, Trasno salió del ataúd y me dijo "Acá no hay nada" y tuve otra visión, esta vez era Hunti y me dijo "el reloj de arena ya casi llega al final, el tiempo se agota" me toque la cabeza y empecé a pensar, hasta que llego a mi mente esas palabras claves de Hunter "mira más allá del escenario que vas a encontrar".

Empecé a mirar a todo mi alrededor, y me encontré una casa, y ahí fue cuando recordé que Verá lanzó el cuerpo de Emiliana a los cerdos así que le dije a Trasno "Tenemos que corre lo más rápido posible, el cuerpo de Emiliana no esta aca, esta en esa casa", Trasno me dijo "No olvides la pala". Tome la pala que estaba en el piso y empezamos a correr, sabía no podía pasar por ese pequeño espacio que había entre las lápidas así que opte por correr por encima de todos los muertos, la tierra se empezó a volver lodo y no podía ir muy rapido, cuando empecé a sentir un olor aún más nauseabundo muy cerca de mi, deje de correr y empecé a ver a mi alrededor y no vi nada, hasta que me di la vuelta y me di cuenta que la niña estaba detrás mío, no entendía el por que, senti escalofríos y empecé a correr. Cuando ya casi iba llegando tropecé con una piedra y caí de cara en el barro, con ayuda de mis manos levanté mi cabeza, Trasno trato de ayudarme, pero cuando lo intentó sus manos traspasaron mi cuerpo, sabía que él no me podía tocar porque "solo los muertos pueden tocar a los muertos" saque fuerzas de lo más profundo de mi corazón recordé las cartas y aun el cuento que mi madre me había leído, y me levanté tomando fuerzas de donde no tenía.

La niña venía con prisa hacia a mi y cuando casi me alcanzaba camine con prisa, quede parada en ese pequeño espacio de la casa y el cementerio, la mire, respire profundamente, me sentí aliviada, coloque mi mano sobre mi pecho y mi corazón estaba muy alterado, Trasno me dijo "vamos no hay tiempo".

Entramos a la casa y cuando la vi era como Verá la había descrito en algunos pasajes del libro, había un pequeño pasillo que recorría la cocina, el sótano y la puerta trasera, mientras caminaba podía imaginar todo lo que ella le había hecho a Emiliana, como la tiró por la escaleras llevándola hasta el sótano y terminandola de matar. Abrí la puerta del sótano y pude ver a Vera desmembrando a Emiliana, me quede impactada y volvía a cerrar la puerta, sabía que no tenía tiempo, así que camine rápidamente y llegue a la parte de atrás de la casa, había una cerca y mucho lodo, cuando me acerqué pude ver varios cerdos muertos ya estaban algo descompuestos por el tiempo pero aún se podían diferenciar, recordé que el oso de Emiliana estaba en la maleta enterrado así que empecé a cavar hasta que encontré la bolsa, la tome con mis manos y recordé que yo no podía respetar ese espacio entre los vivos y los muertos, así que le dije a trasno que buscara en la bolsa y sacará al oso.

Mientras Trasno buscaba el oso tuve otra visión donde el reloj de arena tenía unos pocos granos de arena, me aterre y le dije a Trasno "Rápido el tiempo se agota" Trasno busco entre la bolsa de Emiliana, encontró el oso y me dijo "lo encontre" respire profundamente cerré mis ojos y cuando los abrí aparecimos nuevamente al frente del cementerio, vi a Hunti y él me dijo "Esta vez estuviste a tres granos de arena de morir, y te falta una sola prueba".

Estaba completamente agotada, sentía mis pies muy cansados y mis manos estaban llenas de barro se me habían partido algunas uñas, tenía roto mi vestido, cansada de todo esto mire a mi alrededor, vi como Isabella tenía algunos huesos en la mano caminaba por ese cementerio desolado y se sentaba al lado de su tumba, le dije a Hunti, "Por que Isabella no vuelve a su tumba" y Hunti me respondió "porque abriste la tumba de Isabella pero nunca la volviste a cerrar, ahora ella divagaba por los alrededores de este antiguo cementerio" lo mire sorprendida y le dije que si podía ir y volver a enterrar a Isabella, Hunti me miró y sus ojos estaban otra vez normales sin expresión alguna y me dijo "Puedes ir si así lo deseas".

Camine por el cementerio respetando a los muerto, sin pasar por encima de las tumbas, caminaba por ese espacio pequeño que había de lápida en lápida, Trasno iba al lado mio y le dije: "recuerdas la bolsa donde encontraste a el oso, traeme esa bolsa, yo te espero aqui" trasno me miró y asintió con la cabeza, se dio la vuelta y se fue. Mientras trasno iba por la bolsa yo pensaba en el sufrimiento de Emiliana y Isabella, no podía creer que realmente Verá descuartizó a su hija y a la otra la mato de un golpe en la cabeza dejándola en ese baño sola para luego aparentar que le dolía la muerte de la pequeña.

Que clase de madre era Vera Sarcotinez, estaba desconcertada, cuanta maldad podía haber en una persona que no le importo nunca el fin de sus hijas las cuales cuido en su vientre, escucho sus primeras respiraciones, sus primeras palabras, risas y llantos. Me sentía impotente y dije en voz alta "Vera nunca tendrás el perdón de nadie por haberle hecho eso a tus hijas, maldita seas Vera Sarcotinez", me arrodille en ese barro y lo único que hice fue llorar, estaba sin alientos.

Pasaron unos minutos cuando me percate de la llegaba de Trasno y me dijo: "Aca esta la bolsa", la acerco a mi y le dije: "solo los muertos pueden tocar a los muertos" y le dije que colocara la bolsa al lado del cuerpo de Isabella, le pedí el favor que vaciara la bolsa al lado del cuerpo de Emiliana y acomoda todo en el ataúd, cuando termino Trasno me dijo: "creo que asi esta bien". Me levanté del lodo, me acerque un poco al hoyo, y ví los dos cuerpos juntos, me sentí muy feliz porque sabía que esa era Emiliana a pesar de no tener sus huesos tenía todas sus pertenencias. Respire, sonreí y me levanté, Trasno colocó la tapa del ataúd, salió del hueco y me dijo "ya puedes poner la tierra".

Respetando el espacio de lápida en lápida empecé a poner la tierra, mientras colocaba la tierra, hacia una oración en mi mente, pedía por el descanso de estas dos almas, pero por otro lado no podía dejar de pensar en esa casa, en el sufrimiento de Emiliana y en la maldad de Vera, no podía sacar de mi cabeza ese pasillo y ese sótano donde en este momento solo habitan las ratas y cucarachas, ¿cuántos años estuvo Emiliana ahí?, en el olvido, sin nadie que haya encontrado su cuerpo. Sentí el dolor más profundo en mi corazón y volví a llorar, solo lloraba por esas dos niñas, por ese final tan cruel, cuando termine de enterrarlas, limpie la lápida y Hunti coloco unas pequeñas flores sobre la tumba, recosté la pala sobre la tumba y me sentía un poco más aliviada, sabía que ahora iban a estar juntas y que Emiliana nunca más iba a estar sola en esa casa.

Salí del cementerio, limpie mis ojos que estaban llenos de lágrimas, caminé hacia Hunti y cuando estaba cerca a él, le dije "Ya podemos volver" estire mis manos llenas de barro hacia él y Hunti me dijo "Mira hacia atrás" voltee a mirar y vi a Isabella y a Emiliana juntas, esta vez no estaban sucias, su aspecto había cambiado, se les veía con una apariencia y expresión más apacibles, casi al instante escuche dos susurros que decían "Gracias", no podía creerlo, había unido a dos hermanas, le había dado un entierro digno a dos personas, no podía sentirme mejor, deje toda mi tristeza a un lado, respire profundo, gire mi cara y le dije a Hunti "Esta es la mejor parte de estas pruebas poder ayudar a alguien" Hunti colocó su manto sobre mis manos, trasno tomo mi vestido y volvimos a mi habitación.

Cuando llegamos Hunti me dijo "Es gratificante ver como ayudas a las personas que ya han perdido toda esperanza", me quedé en silencio, pero no pregunte nada al respecto sobre las palabras que él decía, sabía que él nunca me iba a dar explicaciones claras, así que no le dije nada y guarde silencio. Por otro lado, Trasno me miró y me dijo "Fue un honor haberte ayudado en esta prueba, por lo pronto me retiro" se colocó detrás de Hunti y desapareció.

Hunti me dijo "Otra hoja has encontrado, recuerda que no todo lo que lees es así como está escrito, que quien escribe también puede mentir, las personas guardan muchos secretos en el corazón y prefieren morir antes que contarlos, espero llegues a la próxima hoja y puedas pasar tu última prueba, sé que ha sido difícil para ti tener que leer la maldad de una persona, pero probablemente ya todo acabara, sigue leyendo" dio unos cuantos pasos hacia atras y se desvanecio en su propia sombra sin dejar rastro alguno.

Estando sola respire profundamente, miré mis manos y ahí me di cuenta que estaba completamente limpia, no tenia ni una sola mancha de barro en mi, mis manos estaban sin rasguños y mis uñas estaban completas, no sabía que había pasado, nunca me había fijado en mi ropa después de una prueba, sonreí y pensé que realmente todo esto es una maldita pesadilla. Camine por mi habitacion, me sente al lado de mi cuerpo y vi que mis pies estaban destapados así que coloque la sábana sobre mis pies, me sentí más confortable, sentada al lado de mi cuerpo llegaron esas palabras de Hunti a mi cabeza "Es gratificante ver como ayudas a las personas que ya han perdido toda esperanza" y si realmente yo nunca he ayudado a nadie, y si las pruebas solo son pequeños trucos sucios de Hunti, Eider y la anciana. Pensaba y pensaba no sabía que estaba pasando, era como si todo esto fuera un experimento y yo fuera la inocente rata que estaba pasando las pruebas que ponían estos insípidos espiritus en mi y decidí que en mi próxima prueba iba a enfrentar a Hunti y le iba a pedir explicaciones, ya no podia seguir asi, necesitaba que él me diera respuestas, no quería llegar al final de esto y perder mi vida.

15

UN MOVIMIENTO UNA ILUSION

Mientras pensaba en todo esto entró mi madre al cuarto y vio que mi pie estaba cubierto con la sabana, salio corriendo de la habitación y llamo a mi padre y le dijo: "Ciro, Celeste cubrió su pie", me desconcertó por unos minutos y me di cuenta que mi madre estaba intentando tener alguna comunicación conmigo, mi madre y mi padre llegaron a la habitación, se sorprendieron al ver la sabana en mi pie, se abrazaron y mi madre dijo "voy intentarlo nuevamente, yo sé que mi Celeste va a volver a responder". Mi madre se acercó a mi cuerpo y esta vez destapo una mano, se alejó de mi cuerpo quedando al lado de mi padre y yo camine dando la vuelta a la cama llegue hasta mi mano y la tapé, mi madre abrió los ojos, vi como salto de la alegría, ella no sentía miedo pero mi padre sí y le dijo "Yo creo que lo mejor es que la dejemos descansar, vamos para el cuarto", mi padre salió de la habitación y mi madre me dijo "yo sé que estas aca mi pequeña Celeste, te dejare agua todos los días sobre la mesa para que puedas tomar, te amo mi hija".

Quería abrazar a mi mamá, en ese instante me arrepentí de cada estúpida pelea que tuve con ella en el pasado, ella se levantó, me dio un beso en la frente, como de costumbre, y salió de la habitación. Pasaron unos cuantos minutos y mi mamá volvió a entrar a la habitación, esta vez traía el vaso con agua, lo colocó sobre la mesa y me dijo "mi pequeña Celeste esto es para ti, toma cada vez que tengas sed" salió de la habitación y cerró la puerta. Cuando cerró la puerta, camine hacia el vaso de agua para tomar un poco, pero en ese momento apareció Eider al lado de la mesa, deje de caminar y le dije: "Y ahora qué quieres", me volteo a mirar y me dijo: "Estoy un poco sediento hace mucho que no me tomo un delicioso vaso con agua", cuando terminó de hablar miro mi cuerpo y pasó su lengua larga y puntiaguda por esos labios delgados que tenía esa sonrisa enorme de oreja a oreja en la cara, me daban náuseas el olor que él siempre traía, su cara era casi imposible dejar de mirar todo en él era hipnótico, y le dije: "deja ese vaso donde estaba, no te pertenece", se rio con un sonido de voz muy grave y me dijo "Si es tuya ven y arrebatalo de mis manos". Sabía que no podía hacer nada, me daba miedo estar al lado de él y pensar que mi cuerpo entrara nuevamente en paro o que muriera de la manera más absurda después de haber pasado por tanto, así que le dije "puedes tomar cada vaso de agua que mi madre deje para mi, al final eso sera lo unico que podras tomar de acá" Me miro y se rió estruendosamente, saco su mano larga y esquelética, agarró el vaso con agua llevándolo hasta su boca, se lo bebió lentamente, pero no dejaba esa sonrisa diabólica, el agua se le derramaba por la barbilla llegandole hasta el cuello y en ese punto un agujero se abrió en el cuello y el agua que se derramaba entraba por ahí, era como si tuviera dos bocas, di unos cuantos pasos hacia atrás del terror que tal escena me causó.

Cuando terminó colocó el vaso en la mesa y me dijo: "No tengas miedo, ese agujero lo voy a cubrir con tu piel" se rió y se desvaneció, sentí mucha impotencia, porque nunca podía hacer nada al respecto cuando él llegaba, siempre me quedaba inmovil, sin poder respirar, era como si él manipulara cada sentido de mi cuerpo, me calme respire un poco y decidí leer rápido para acabar con esta historia. Tomé el libro rojo que estaba en el piso, me senté junto a mi cuerpo y lo abrí, nuevamente apareció la hoja faltante, y otra vez era una estrella de ocho puntas, en el centro decía Vera Sarcotinez y en cada punta estaban unos nombres: "Emiliana, Isabella, Damari, Thomas, Cipriano, Matheo, Rodolfo y Amelia". Me quede pensando un rato y ya conocía algunas personas de esta historia pero quién era "Damari, Thomas y Amelia", ¿acaso Vera había matado a más personas aparte de su familia?, me quedé despavorida, no sabia que pensar, quién era realmente esta mujer, quien era Vera Sarcotinez y cómo fue posible que hasta este punto de la historia nunca hubieran encontrado algún cuerpo para que ella pagara en la cárcel o en la horca por sus crímenes, como era posible que su esposo, le creyera todo, hasta donde podía llegar el amor de una persona para quedar ciega de la peor manera frente a una asesina y vivir bajo el mismo techo. Era estupido pensar en todo eso. Sin más conclusiones nuevamente empecé a leer.

16

THOMAS

"Feliz con mi esposo, Cipriano y yo celebramos mi cumpleaños con un pequeño viaje, no muy lejos de la ciudad, él alquiló una pequeña casa en unas hermosas montañas, claro está que en la casa habían unas cuantas parejas más, pero todos respetaban el espacio de todos, pensándolo bien, haber ido a ese viaje esa fue mi peor decisión, al principio todo era color de rosas, Cipriano parecía un príncipe, me da ira tener que escribir esto porque recuerdo con enojo ese episodio de mi vida.

Todo marchaba bien, hasta que llego el ultimo dia de nuestro viaje, me levanté esa mañana con mucha alegría al ver a mi esposo, pero él no estaba en la cama, asi que sali a buscarlo y no lo encontré, cuando volví a la casa escuche algunos ruidos extraños, fui a mirar de dónde provienian y era de mi habitación, se me hizo muy raro, así que entre y Cipriano estaba con otra mujer, grite desesperadamente y me lance hacia la mujer la tome del cabello e insulte a Cipriano, la mujer aterrada se fue de la habitación y Cipriano me pedía disculpas, no podía verlo con los mismos ojos, estaba encolerizada, no podía creer lo que había visto, me tire al piso y empecé a llorar, le pedí mil explicaciones, pero él nunca me dijo la verdad y ese fue el motivo principal por el cual yo lo escogí a él…

No quería volver a ver a Cipriano feliz, él era mi vida y pensé que yo era la vida de él, pero no fue así, creo que simplemente yo siempre fui una incrédula en la vida de Cipriano. Después de ese viaje todo cambió, ya no quería que me tocara, me daba fastidio sentir la presencia de él en la casa, quería matarlo de la misma manera que mate a Emiliana o a Isabella, pero sabía que era más difícil, a todos nuestros conocidos se les iba hacer muy extraño la desaparición de Cipriano, asi que me tomó mucho tiempo planear su muerte.

Al paso de los días, Cipriano me dijo que el me habia hecho eso porque estaba muy dolido, porque él sentía que nuestra familia se estaba deteriorando con todas cosas que habían pasado, lloró y me pidió disculpas de rodillas, me dio un poco de lastima verlo asi y decidí cambiar con él, no podríamos vivir en la misma casa y pelear todos los días, no era sano para ninguno de los dos, para mi nunca fue una excusa esa estupida respuesta que él me dio sobre el engaño, pero a la final decidí intentarlo otra vez por el tiempo que llevábamos y la verdad muy en el fondo amaba a Cipriano como nunca había amado a nadie en toda mi vida.

Un año más tarde empecé a sentirme algo extraña con mi cuerpo, le dije a Cipriano que me sentía mal y él fue a buscar a un doctor para que me revisara y cuando el doctor llegó a la casa y me reviso me dio la noticia que no esperaba y mucho menos delante de Cipriano, a mis cincuenta y tres años resulte embarazada, de nuevo. Esa noticia me dejó impactada, no me esperaba otro hijo, la verdad no queria mas hijos, me arrepentí de haber hecho ese maldito trato, era una maldición y sentía que nunca podría escapar de eso, me sentí impotente en la cama de mi cuarto cuando el doctor me dijo que estaba embarazada. Cipriano estaba muy feliz, me beso y me dijo: "seremos padres" y yo le respondí: "si amor", me sentía muy mal, no quería otro hijo, no quería más hijos quería sacarmelo, pero esta vez era casi imposible porque Cipriano sabía que estaba embarazada y con todo lo que ya había pasado se me agotaban las ideas, asi que decidi tenerlo, con el dolor más grande en mi alma decidí tener a mi peor decisión. Al pasar el tiempo el bebe crecía en mi panza, nació en el momento exacto, no fue prematuro, no tuvo problemas y para mi sorpresa esta vez fue un varón.

"Cuando nació y lo tomé en mis brazos no quería soltarlo sentí un apego muy grande por él, al ser un varón, era mi primer varón, no podía creer que tenía en mis manos a un hermoso hombrecito Cuando Cipriano entro al cuarto lo mire y lloré de alegría, por su parte mi esposo salto de emoción, se arrodilló y dio gracias a la vida por haberle regalado un varón, se levantó del piso se acercó a la cama y tomo al bebe en los brazos y me dijo "este es mi pequeño Thomas".

Cuando leí ese nombre en el libro me quedé pensando en los nombres de la estrella de ocho puntas que había en la hoja desaparecida, y pensé que este era otro niño que cayó en las manos de Vera Sarcotinez. No quería leer una página más donde ella describa la muerte de otro niño inocente, me quede pensando y la verdad no tenía más opción que terminar este libro, así que seguí leyendo.

"Cipriano era el hombre más feliz del mundo, fue tanta su emoción que hizo una gran reunión en la casa, todos los vecinos conocían a él pequeño Thomas, yo también estaba muy emocionada nunca pensé que llegara un varón a nuestras vidas, siempre pensé estar condenada con a tener niñas que desde su nacimiento estarían marcadas por la maldición. Pero decidí hacer las cosas bien, amar y cuidar de mi hijo por el resto de mi vida, disfruté cada instante con Thomas, amaba cambiar sus pañales y contarle cuentos en la noche, no me apartaba de él para nada, realmente amaba a mi hijo. Pasando los días y con Thomas en la casa deje de pensar en mi pasado, todo había quedado atrás. Hasta que una mañana en pleno verano empecé a oler algo diferente en la casa, olía como si algo estuviera podrido, con el pasar de las semanas el olor se volvía más fuerte, era imposible respirar en la casa, así que le dije a Cipriano que tal vez había algún animal muerto en la casa, que teníamos que revisar porque el olor era asqueroso, esa noche revisamos toda la casa y no encontramos nada, Cipriano me dijo que nos acostaramos y que al día siguiente él iba a subir al techo y revisar que no hubieran palomas o ratas muertas, esa noche fue eterna para mi, no podía conciliar el sueño, estaba haciendo mucha calor y el olor cada vez era más fuerte, me levante por un vaso de agua y cuando fui a la cocina, la volví a ver, era Emiliana esta vez estaba irreconocible.

Al principio no sabía quien era hasta que me percaté de su mano y no vi su dedo, ahí supe que era Emiliana. Di unos cuantos pasos hacia atrás y guarde silencio, ella me miro y me dijo: "Nunca encontraras la paz y ese varón que tanto anhelabas será tu fin", su mirada era penetrante y no sabia que hacer y volvió hablar "estás condenada", pase saliva lentamente y me caían gotas de sudor por mi mejilla, me quede quieta, Emiliana camino hasta llegar a mi lado, quedando casi cara a cara, se quedó mirándome unos segundos y siguió caminando hasta que atravesó la pared de la sala y desapareció, cuando no la vi mas pude soltar la respiración y me toque el pecho.

Camine hasta la mesa, donde había un vaso con agua y me la tome de un solo sorbo, respire un poco y me fui para el cuarto. Cuando llegué al cuarto me percaté que el olor era más fuerte en mi habitación que en el resto de la casa.

Eran como las tres de la mañana, cuando decidí buscar de donde provenía ese olor, busque en toda la habitación con mucho cuidado para no despertar a Cipriano, mientras buscaba en el armario sentí algo extraño entre la ropa, meti mas mis manos entre unas camisas de Cipriano y toque un pedazo de papel lo agarre con mi mano y lo saque y me di cuenta que era el dedo de Emiliana, estaba podrido, lleno de gusanos. Estaba asustada porque no recordaba ese dedo y mucho menos donde lo había guardado me quedé pensando unos cuantos minutos con el dedo en la mano y hay fue cuando vi a Emiliana salir de enmedio de toda la ropa, su aspecto era aún más horrible que cuando estaba en la cocina y su olor más que asquearme, me perturbaba, puesto que me recordaba todo mi pasado.

Me tire al piso y ella decía "devuelveme mi dedo", empecé a gritar fuertemente, "alejate de mi" y no paraba de gritar hasta que Cipriano me despertó, me dijo "levántate, es una pesadilla", me senté en la cama, respire y no podía creer lo que estaba pasando, todo había sido una maldita pesadilla. Me quedé pensando en el dedo, ¿donde había dejado ese dedo?, no me acordaba y¿si ese era el olor?, ¿si Emiliana se quería apoderar de Thomas al igual que Isabella?, me toque la cabeza con mis dos manos cerrando mis manos en forma de puño y jale un poco mi cabello, Cipriano se levantó de la cama, caminó alrededor de ella y se sentó al lado mio y me dijo: "Dime la verdad porque mataste a todos nuestros hijos" y me quedé en shock, voltee a ver a Cipriano y él tenía la cara hacia el piso y cuando él me volteo a mirarme no era Cipriano, no sabía quién, era ese monstruo, su aspecto era cadavérico, me levanté de la cama y él se empezó a estirar hasta llegar al techo, su voz se empezaba hacer más grave y me decía " ¿por qué mataste a todos nuestros hijos?" hasta que llegó al punto en que su cabeza tocaba el techo, sus manos llegaban hasta sus pies y su voz era aún más grave, di algunos pasos hacia atrás hasta que mi espalda tocó la pared de la habitación, me tape la boca con una mano, deje que todo mi cuerpo se resbalara en la pared y quede sentada en el piso, tome mis pies con mis dos manos y agache mi cabeza, escondiendo entre mis manos y mis pies, solo escuchaba como esa cosa, me decía "¿por qué mataste a nuestros hijos?" "¿por qué mataste a nuestros hijos?" lo repitió unas cuantas veces y yo sentí como se empezó acercarse a mí, su olor, ese olor que no puedo dejar de percibir, era como mil cuerpos pudriéndose en un solo lugar, empecé a decir entre dientes "es un maldito sueño, es un maldito sueño, es un maldito sueño" hasta que saque fuerzas, me levante y quede frente a él y grite con todas mis fuerzas "ES UN MALDITO SUEÑO" y vi como ese monstruo era tragado por la oscuridad del armario, momento en el que desperté.

Quede sentada en la cama y respiraba muy fuerte, voltee a ver hacia la ventana, me di cuenta que ya había amanecio, voltee haber a Cipriano y le toque la cara, me sentí aliviada, pero sabía que esa mocosa estaba nuevamente en la casa, no sabía que quería esta vez, pero necesitaba comunicarme con ella nuevamente. Mientras pensaba en cómo comunicarme con ella, Thomas empezó a llorar, me levanté de la cama y fui hasta la habitación de él, estaba en su cuna llorando, lo alcé, lo tomé en mis brazos y lo amante a pesar de sus tres años pues a pesar de ser un niño bastante grande le costó mucho acostumbrarse a otros alimentos.

Ese dia, Cipriano subió al techo para averiguar de dónde provenía el olor y fue ahí que encontró un nido de ratas, eran casi ocho ratas en el techo, estaban muertas y tenian crias, los bebés se estaban comiendo a las ratas grandes, Cipriano grito del miedo y se resbalo de las escaleras, yo escuche el golpe así que salí a ver qué había pasado, cuando salí vi a Cipriano en el piso, corrí hacia él y le dije que no se moviera, me dijo que no era nada grave, que lo ayudara a levantarse. Caminamos hacia la casa y mientras caminábamos me di cuenta que se le dificultaba apoyar su pie izquierdo, lo senté en una silla de la sala, le llevé un poco de agua y le dije que iría a buscar a un doctor para que lo revisaran, él me dijo que estaría bien.

Camine varias cuadras hasta, que vi a un doctor conocido tomando el té en una pequeña en la entrada de su casa, me acerque a él, le conté lo que había pasado, él me dijo que iría a la casa. Después de esperar un largo tiempo llegó el doctor, lo revisó y le dijo que probablemente tenía una fractura leve en el pie izquierdo. Por tal motivo, el doctor tomó su carroza y nos llevó a los tres (incluido Thomas) al hospital. Al revisarlo detalladamente se dieron cuenta que no se había fracturado ningún hueso, sino que tenía otro problema con un tendón, le encargaron algunas plantas para calmar el dolor y lo enviaron a casa, pues aparentemente no era una lesión mayor.

Pero desde ese día Cipriano dejó de caminar normal, se le dificultó caminar y sentía mucho dolor, pasaron casi tres semanas después del accidente y Cipriano no había subido al techo a sacar esas ratas que se refugiaban allí, por lo que decidí hacerlo yo, le dije a Cipriano que iba a subir, pero cuando me acerque a él, senti un olor aun mas extraño que el de las ratas, esta vez olia a carne podrida, le dije que me dejara ver el pie, Cipriano se levanto un el pantalon y pude ver que el color de piel de la pierna izquierda le habia cambiado tenia un color entre negro y morado, le dije que nos tocaba ir al hospital inmediatamente. Hablé con los vecinos para dejar a Thomas con ellos mientras yo llevaba a Cipriano al hospital, a lo que accedieron amablemente.

Mientras íbamos en camino le dije que si él ya se había visto el pie, a lo que me respondió que sí pero que no le daba importancia porque necesitaba trabajar, respire profundamente y lo mire con un poco de enojo, pues me preguntaba cómo era posible que nunca me hubiera dicho nada, lo tome de la mano mientras manejaba y le dije "Tú eres el hombre más importante de mi vida, sabes que pasaria si tu un dia te vas, se me acabaria el mundo" él me miro y me sonrió me pidio disculpas, le dije que todo estaría bien, y que pronto se recuperará.

Llegamos al hospital, yo lo ayude a entrar, le dije al doctor que Cipirano tenía un olor nauseabundo en su pie y que el color de la piel del pie izquierdo le había cambiado, el doctor me dijo que esperara afuera, le di un enorme beso a Cipriano para hacerle saber que no debía preocuparse.

Espere fuera del hospital, pasaron casi unas cinco horas y aun no me daban respuesta de Cipriano, ya estaba desesperada, afortunadamente conocía a una pareja de antiguos amigos de mi esposo que vivían cerca para ir a descansar, allí me fui al baño a respirar un poco, empecé a lavarme la cara, cuando me iba a secar, me di cuenta que la puerta del baño se abría, me quede mirando por el reflejo del espejo y voltee a mirar pero la puerta estaba cerrada, sin embargo, cuando miré nuevamente hacia el espejo vi como unas manos enormes entraban por la puerta, me asuste y me quede quieta, de un momento a otro empezó ese olor nuevamente, trate de enfocar más la mirada en el espejo, pero viendo el reflejo me di cuenta que era ese hombre otra vez, empezó a asomar la cabeza por la puerta del baño y comenzó a estirar el cuello, cuando casi llegaba a mi, saque fuerzas de lo más profundo de mi corazón y salí corriendo de ahí, en la puerta me tropecé con una niña le dije que me disculpara, pensé que era hija de los amigos de Cipriano.

Me di cuenta que la niña estaba llorando, me agache hacia a ella y le dije pregunté si se sentía bien, ella levantó la cabeza y empezó a reírse, era Emiliana, la empujé y al darme la vuelta vi que el hombre venía detrás mío, así que salí corriendo de la casa. Estando fuera me senté, mi corazón palpitaba fuertemente, respire me recosté en el escalón de al frente y miraba a todos lados, pasaron unos cuantos minutos y la esposa salió de la casa y se acercó a mí y me dijo que había dejado el bolso en el baño, tomé mi bolso y le di las gracias, me pase la mano por mi cara quitándome algunas gotas de agua que no me había secado bien a causa de la escena, y me dirigí de nuevo al hospital, donde por fortuna me tope con el doctor que atendió a Cipriano, él me dijo que podía pasar y visitar a mi esposo, por lo que camine rápidamente y me encamine a la habitación donde estaba. Cuando entre a la habitación no fue difícil darme cuenta que le habían amputado de la rodilla hacia abajo de la pierna izquierda, trate de no darle importancia porque quería hacerlo sentir bien, por lo que me acerque a él, le di un beso en la frente y le dije que todo estaría bien, esa noche nos tocó quedarnos en el hospital.

Al día siguiente le revisaron la pierna a Cipriano y nos dijeron que ya nos podíamos ir para la casa, yo pedí una carroza ya que Cirpiano no podía caminar, cuando llegó la carroza fue notoria una gran tristeza en el rostro de Cipriano, le dije que no se preocupara que íbamos a salir de esto juntos, él me miró y me sonrio, sin embargo, en mi interior sabía que las cosas iban hacer un poco más difícil con Thomas y Cipriano, pero me sentia fuerte, sabia que tenia que tener voluntad de acero en las siguientes semanas.

En todo ese tiempo trate de hacer mejor las cosas en la casa sin pedirle mucha ayuda a Cipriano, sentía miedo que él se sintiera inutil por no poder hacer algo, así que trataba de dar lo mejor de mi. Al pasar de los días ese olor nauseabundo era más y decidí subir al tejado y limpiar todo, sentía mucha repugnancia, pero no tenia mas opción, tomé una escoba y un balde, subí las escaleras y cuando llegue al techo pude ver a esas ratas, habían hecho un agujero, algunas estaban dentro de la casa, sentí mucho miedo asi que tome la escoba y empecé a matarlas con el palo de la escoba, el sonido que hacían al morir era espantoso.

Cuando termine de matar las ratas tome la escoba por el otro lado y las tire al piso, limpie todo muy bien y baje las escaleras, tenía que reparar ese hueco en el techo y encontrar las ratas que hacían falta, por lo que tome unas tablas de madera que había en la casa y volví a subir las escaleras, acomode las tablas lo mejor que pude para que ningún otro animal entrara, cuando termine de ordenar el tejado empecé a ordenar la casa, limpie todo pero no encontre nada, no vi ninguna rata, ningún nido ni siquiera vi insectos que normalmente están en cualquier casa, se me hizo extraño pero no le preste mucha atención.

Cuando Thomas cumplió cinco años hicimos una gran reunión, estábamos muy felices, mi Thomas era ya un gran hombrecito y se parecía mucho a Cipriano, estaba tan feliz con mi familia, todo era mágico y maravilloso pero nada es eterno y todo tiene su principio y su final …

El final estaba muy cerca de mi, lastimosamente nunca vi más allá de esos ojos de amor hacia mi familia, supongo que todo tenía que pasar de esa manera. Cuando Thomas empezó hablar contaba todo lo que veía y oía, cualquier pequeña palabra me la contaba a mi, un dia estando en mi habitación arreglando una ropa, Thomas entro y me dijo que tenía que contarme algo lo mire y le sonreí un poco, en mi mente pensé que era algún chisme que había escuchado a cualquier cosa inocente que él había visto, pero me sorprendió cuando me dijo: "hoy conocí a Emiliana", entonces quedé sorprendida, en ese momento tenía una camisa en mi mano y recuerdo como esa camisa cayó lentamente al borde de la cama, solamente me quedé mirándolo atónita hasta que le pregunté: "¿qué dijiste?" a lo que él respondió: "nada, mamá" y salió de la habitación como si nada hubiera pasado.

Estaba sorprendida, me senté en la cama, respiré profundamente y me dije a mi misma "nada es real, yo escuche mal, mi Thomas no dijo eso", recuerdo que repetía esas palabras una y otra vez como si eso fuera a cambiar en algo lo que realmente había escuchado. Ese mismo día al anochecer, cuando fui a darle las buenas noches a Thomas, decidí preguntarle por esas palabras lo que había dicho, quería respuestas, realmente las necesitaba, así que me dirigí a interrogarlo sobre el asunto. Cuando caminaba por el pasillo logré escuchar una voz diferente que venía del cuarto de Thomas, era la voz de una niña, específicamente, Emiliana, así que corrí rápidamente. Cuando llegué al cuarto Thomas estaba durmiendo, ni siquiera alcance a darle las buenas noches o a preguntarle qué era lo que realmente estaba pasando y esas voces, ¿acaso Emiliana estaba tratando de jugar conmigo otra vez?, ¿era posible que otra vez ella se apodera de toda mi vida?, respire fuertemente entre al cuarto de Thomas, le arregle las cobijas, salí del cuarto, le cerré la puerta y me fui para mi habitación.

Esta vez sentí que todo cambiaba, era extraño estar en la casa con Thomas y no ver a Emiliana como en mis embarazos anteriores, era como si hubiera paz, todo estaba muy calmado, como si mi vida se hubiera arreglado, simplemente no lo podía creer, tanta felicidad y paz no podía ser cierta, no podía esperar a que Emiliana atacará en algún momento, tenía que adelantarme tenía que volverme a comunicar con ella, era mi unica salvacion, ya había hecho con mi vida lo que se le había antojado ahora lo único que podía hacer era ayudar, trate de contactarme varios días con ella pero no respondía, no sabia que pasaba en mi vida, sin embargo los años siguientes todo transcurrió con relativa tranquilidad.

Pasaron cinco años y mi vida era muy normal, Thomas ya tenía diez años y yo sesenta y tres, sin embargo mi vida daría un vuelco muy pronto.

Era un dia normal en mi casa como cualquier otro, estaba ordenando toda la casa, tenía todo limpio para que cuando Cipriano llegara de trabajar se sintiera muy cómodo, recuerdo que estaba ordenando el sótano, sacando todo el polvo que había allá abajo, cuando de repente sentí una presencia diferente, me quede inmovil, estaba de espalda y sabia que ella estaba detrás mío, era la oportunidad perfecta para pedirle algunas explicaciones por lo que había pasado con mi vida, me voltee lentamente y ahi estaba ella, no podia ver su rostro, habia mucha oscuridad, solo recuerdo ver ese vestido negro que le tapaba los talones, le dije que estaba intentando contactarla por muchos años pero que ella no respondia, solo recuerdo escuchar con fuerza como inalaba y exalaba, en un momneto todo quedo en completo silencio, senti mucho miedo porque sabia que ella tenia todo el control sobre mi y ahí fue cuando hablo y me dijo: "Quiero que me des la vida de Thomas o la vida de Cipriano, es tu decision pero tiene solo unas semanas para tomar la decision y si no lo haces yo le arrebatare la vida a alguno de los dos".

Me quedé sin palabras recuerdo que inmediatamente le suplique entre lágrimas que no me hiciera eso, que tomara mi vida antes de tomar la vida de ellos, pero ella solo se desapareció en esa oscuridad, me quedé tirada en el piso llorando desconsoladamente. ¿Cómo era posible que le tuviera que dar a mi esposo o a mi hijo?, ya me había encariñado mucho con Thomas y Cipriano, él era mi vida, era mi todo, no podía hacer eso y si me tocaba escoger en alguno de los dos, ¿como iba hacer para matarlo? y no dejar ninguna huella.

Esta vez todo iba hacer más difícil, de repente mi vida se vino abajo, era demasiado, no sabia que hacer, me senté en el sótano, supongo que pasaron varias horas y solo pensaba en cómo haría las cosas como escoger a uno de mis grandes amores, era casi imposible imaginar una vida sin alguno de los dos, en medio de mi desgracia me levante y trate de olvidarme de eso, no quería escoger, no estaba preparada para esto y decidí no tomar ninguna decisión, quería dejar las cosas así.

Me preguntaba por qué había tomado tan malas decisiones en mi vida, por que hice cosas tan aberrantes y para más porque tenía que escoger entre las dos personas que más amaba en un punto en el que había encontrado paz en mi vida.

No seguí limpiando el sótano y me fui para la habitación de Thomas, cuando lo mire jugando me sentí muy feliz, lo abrace, lo alce y le dije que él había sido mi mejor decisión, que nunca dejaría que nada malo le pasara, Thomas me miro, sonrio y me dijo que no me preocupara, que él siempre estaría conmigo para todo, le di un gran beso en la frente y me sentí muy feliz de estar con mi hijo.

Por otro lado estaba Cipriano que a pesar de su accidente seguía trabajando y no faltaba nada en la casa, él era muy responsable y un gran esposo, pensé en irme de la ciudad, tal vez a otro lado donde esa malvada no se acercara a mi familia, sabía que era algo imposible, sabía que ella estaba esperándome donde fuera para atacarme y no dejarme en paz, me sentía entre la espada y la pared, era como un callejón sin salida, donde tenía que tomar una decisión, me estaba volviendo loca.

Pasaron unos cuantos días y solo pensaba en aquellas palabras que eran una condena para mi familia, no quería que ella tomara la decisión, pero yo tampoco quería pensar en cómo acabar con la vida de mi esposo o mi hijo, cada dia para mi era una completa pesadilla, ver la felicidad de mi esposo y mi hijo y saber que muy pronto alguno de los dos ya no estaria aca, para mi eso era un verdadero desafío.

Cuando estaba preparando el desayuno para Cipriano sentí nuevamente la presencia de ella en la casa, me voltee rápidamente y ahí estaba parada, no podía ver su cara, siempre la perseguía una sombra que la cubría toda, en ese momento no dude en gritarle "¡No voy a tomar ninguna decisión!" escuché cómo se reía en voz baja de mi y le volví a repetir "¡No voy a tomar ninguna decisión!", a lo que ella me respondio "Sera mas divertido para mi tener que escoger entre los dos, ni siquiera pensaré en el dolor que les voy a causar al que escoja" y le dije "No, por favor" me arrodille y le volví a suplicar con mucha fuerza, me retorcia en el piso de solo pensar que alguno morirá y ella me dijo: "El tiempo se agota y quiero a uno de los dos, piensa bien, porque no voy a volver acá a verte suplicar cuando todo fue un trato" después de esto desapareció al instante.

Estando en el piso recordé que todo fue culpa de Cipriano, si él hubiera sido un poco más comprensible yo no estaría en esta situación, pero él quería tener hijos como fuera, él quería un bebe lo mas pronto posible y por eso no tuve más opción y en ese momento me di cuenta que ya había tomado una decisión y sería la de acabar con la vida de Cipriano… Amaba a mi esposo, pero ya había vivido muchas cosas con él, creo que era tiempo de dejar todos los sentimientos en el pasado y empezar hacer las cosas bien, Cipriano fue un gran hombre, nunca me podré quejar con rabia sobre él, él me hizo muy feliz, fue, es y sera el amor de mi vida, pero en algunas ocasiones toca sacrificar grandes amores por tener la felicidad completa, no quería matar a mi hijo Thomas, así que empecé a planear la muerte de Cipriano, no quería que sufriera, ni siquiera quería que sintiera mucho, quería hacerlo muy feliz antes de matarlo, quería nuestra ultima semana todo fuera especial, durante la última semana le hice el amor todos los días, le prepare las mejores comidas, le hacía muy buenos masajes, todo tenía que parecer como una estúpida pelea donde por un error él moriría, sería algo rápido, sin mucha sangre, pero eficaz, había pensado en darle un golpe en la cabeza pero él me facilitó las cosas.

Un domingo en la madrugada estaba en el segundo piso de la casa ordenando, cuando de repente Cipriano salió de la habitación furioso porque no encontraba unas camisas, iba tarde para el trabajo me gritó, me dijo que las buscara, que tenia afan porque era tarde, le dije que no me gritara al tiempo que lo empuje un poco, el me dijo que no lo tocara, me dio una gran cachetada, caí al piso y me llene de ira.

Él se disculpó conmigo, se acercó a mí, me dijo que lo perdonara, que estaba muy afanado, que iba a llegar tarde al trabajo ya que era un día muy importante, en ese instante salió Thomas del cuarto, nos preguntó qué pasaba, yo le dije que nada, que se fuera nuevamente para la habitación y cerrará la puerta, él me hizo caso y se encerró.

Yo me levante con mucha rabia del piso y empuje a Cipriano, él perdió el equilibrio y cayó por las escaleras, no alcanzó a tomar la barandilla por lo que rodó por los escalones hasta llegar al último. Yo salí corriendo a mirarlo y no tardé en darme cuenta que no tenía, pulso trate de hacerle presión en el pecho para ayudarlo, pero me di cuenta que no funcionaba, cuando me di la vuelta para ir a buscar ayuda, la vi, me miro, sonrio y me dijo: "Tomaste una buena decisión", solo pude ver como ella tomó la punta del pie de Cirpiano y se llevó el alma de él, me quedé sin palabras, pronto las lágrimas brotaron de mis ojos.

Salí corriendo a la calle a pedir ayuda a algunos vecinos, me escucharon y salieron les conté que Cipriano se había caído por las escaleras y fueron a ayudarme pero Cirpirano estaba muerto, no podía creerlo. En pocos minutos llegó un oficial para ver qué era lo que había pasado, se llevaron el cuerpo de Cipriano, a mi me sentaron en la sala para hacerme algunas preguntas, yo solo les respondí que Cipriano estaba un poco alterado dado que iba tarde, les comente que me había dado una cachetada y perdió el equilibrio cayendo por las escaleras.

Tomaron a Thomas para hacerle el respectivo interrogatorio, mi pequeño hijo no respondió nada, solo preguntaba por su papá mientras yo lloraba, al no hallar nada relacionado a un crimen los policías se fueron de la casa. Me quede con Thomas en la casa llorando desesperadamente, no lo podía creer, ahora ¿que iba hacer sin mi esposo en la casa?, sin el amor de mi vida estaba sin vida en ese momento, pero algo muy en el fondo me decía que aún tenía a mi pequeño Thomas.

Después de todo ese incidente decidí arreglarme e ir a la policía, quería saber que iba a pasar con el cuerpo de Cipriano, el oficial me dijo que me entregaran el cuerpo en una semana después de algunas revisiones, así que me fui resignada para la casa, caminaba muy desanimada, con mi cabeza hacia el piso, pensando en todo lo bonito que viví junto a mi esposo pero también llegaba a mi mente el recuerdo de cómo todo se desvaneció en un instante tras su muerte.

Siempre había pensado envejecer junto a Cipriano y tener una hermosa vida juntos pero no se que paso, no se como todo se destruyó de la nada, después de caminar y caminar llegue a la casa donde encontré a mi Thomas, era lo único que me mantenía con vida, él era el amor de mi vida, le conté que Cipriano había muerto y Thomas lloro como un pequeño niño cuando le quitan su mejor muñeco, me abrazó y me dijo que era mentira, lloro en mi hombro hasta que quedó completamente dormido.

Creo que era como la media noche y aún seguía con Thomas en mis brazos, ahí sentada en ese sofá viejo, donde podía escuchar la voz de Cipriano llegando a la casa, había tenido la sangre fría para muchas cosas, pero como ya lo dije, no estaba preparada para la muerte de Cirpirano. En las siguientes semanas todo empezó a empeorar, no me quería levantarme, ni cocinar y todo empeoro cuando me entregaron el cuerpo de Cirpiano, estaba tan destruida que no sabía ni siquiera como hacerle un buen funeral, pero ahí entro Thomas con su carisma y me dijo: " Mamá tenemos que hacerle a mi papá una gran despedida", con mucho dolor me levanté de ese sofá y me arregle, prepare el cuerpo de mi esposo Cipriano y le hicimos un gran entierro.

Después de eso llore aun mas desconsolada sola en la casa mientras Thomas solo me miraba, no sabia que hacer pero pensaba que había tomado una mala decisión en haber escogido a Cipriano antes que Thomas, creo que hubiera pensado mejor y hubiera optado por Thomas pero ya no había vuelta atrás y lo único que me quedaba era vivir con ese dolor en mi corazón e intentar salir adelante con Thomas en mi vida pues no habia nada mas. Pero sabía que no era así de sencillo, sabia que tenia que pasar muchos años para poder olvidar a mi querido esposo, quien me había acompañado por mucho tiempo, fue el único hombre que no me juzgo por mi pasado y que siempre estaba ahí apoyándome a superar todo, era casi imposible olvidar al verdadero amor de mi vida.

Cuando sentí que las cosas no podían ir peor, Thomas empezó a cambiar conmigo de la peor manera se volvió grosero y se le veía muy triste por la casa, había veces que ni siquiera entendía qué le pasaba, empezaba a cambiar la personalidad, algunas veces me daba miedo hasta dormir porque trataba de pegarme mientras yo dormía, ya me había levantado varias veces porque me mordía los dedos de los pies y me cortaba el cabello y yo ya no sabia que hacer, trate de enfrentarlo pero siempre que intentaba hablarle me miraba con esos ojos completamente llenos de tristeza y me decía que extrañaba a Cipriano que solo quería llorar, las cosas cambiaron mucho con la pérdida de mi esposo.

Cuando Cipriano vivía, recuerdo muy bien que en cada pérdida que tuvimos él estaba ahí para consolarme, pero también recuerdo el engaño que me hizo en ese paseo, trataba de buscar miles de excusas para sentirme mejor, pero sabía que estaba fracasando en el intento. A pesar del engaño de Cipriano cuando miro al pasado veo con más detalle las cosas buenas que pasaron sobre las sombras de lo que hizo, para haber acabado con la vida de él, dia a dia sabia que habia tomado una muy mala decisión, Thomas no llenaba ese vacio tan profundo que yo tenía en mi corazón por la pérdida de Cipriano, era estupido pensar en vivir en simples recuerdos, porque por más que pensara Cipriano nunca más iba a estar aca conmigo ya no estaría esa voz de aliento, tenía que conformarme con el poco amor que me estaba dando Thomas, que por cierto cada dia veia que en vez de amarme me estaba odiando.

Era una completa pesadilla levantarme todos los días en ese sofá, ni siquiera tenía las fuerzas suficientes para acostarme en la cama donde compartía con mi difunto esposo. Estando en ese sofá viejo, viendo la pared de la sala, volví a sentir a Emiliana, respire con algo de fuerza y le dije: "Que quieres" a lo que ella me respondio: "Nada, solo vine a ver como poco a poco mueres en ese sofá viejo" no quería responderle, la verdad ella estaba en todo su derecho de decirme cualquier cosa, me sentia inutil, sentía que todo se me destrozaba como si ya nada valiera, no sentía miedo ni espanto al ver a mi primera hija en las peores condiciones, así que ya no tenia nada mas que hacer que seguir ahí sentada y escuchar las palabras de ese que aquella alma en pena me decía, respire, agache mi mirada y le dije: "¿Por qué no me matas? quiero morir", recuerdo esa sonrisa de Emiliana creo que es algo que tampoco podré olvidar y me dijo: "Tú sola, llegarás a ese momento" guardé silencio no le dije nada y ella simplemente se desvaneció frente a mi, a los pocos minutos llegó Thomas enojado conmigo pidiéndome explicaciones por lo de su padre, le dije que no tenía nada que decir, en ese instante él me golpeó con un zapato que estaba cerca de él, lloré y le dije que se largara, que era el peor hijo que había tenido, que era mi peor decisión, él me miró y me dijo que hubiera preferido mil veces que yo me hubiera muerto antes de que su padre, sentí que esas palabras partieron aún más mi corazón, ahora él era un recordatorio ante el hecho que había tomado la peor decisión, me había equivocado al haber escogido a Thomas, era una maldición ese niño.

Esa noche después de escuchar las palabras de Thomas recuerdo que decidí acostarme en mi cuarto y cerrar la puerta con llave, no quería que Thomas entrara e intentará matarme o hacerme algo, así que me encerré en ese cuarto donde hacía varios meses no entraba, me acosté en esa cama desordenada con un poco de polvo y pude sentir la presencia de mi Cipriano al lado mio. Me acosté con mucha satisfacción sin sentir nada de mi miedo, recuerdo que tuve el peor sueño de mi vida, pude sentir la presencia de todos en la habitación estaba Cipriano, Emiliana, Isabella y una bebe, todos estaban alrededor de la cama señalandome y hablaban entre ellos, yo no les podía entender qué era lo que estaban diciendo, solo recuerdo que Cirpriano colocó un cuchillo en la cama, yo voltee a ver el cuchillo, cuando levanté la mirada Emiliana estaba frente a mi cara sin un ojo y me dijo: "Es hora de tu muerte" cerré los ojos y le dije: "NO" cuando volví abrir los ojos todos seguían señalandome, Emiliana ya no estaba al frente mio, pero empezó un olor putrefacto en la habitación y empezaron a decir todos en voz alta "¡Muere!, ¡Muere!, ¡Muere!.. ¡Muere!…" yo me cubri los oidos con mis dos manos, les decia que se largaran, despues de unos cuantos segundos Cirpirano se acerco a mi con un bebe en las manos y me dijo: "ya es hora amor, de acabar con todo esto y vivir felices" me sonrio, se acerco a mi y me dio un beso y yo le respondi a ese beso, fue el mejor instante de mi vida pero cuando abri los ojos, el aspecto de Cirpirano era espeluznate era aun peor que el aspecto de Emiliana, Cipriano tenia huecos en la cara que le habian hecho los gusanos de tierra y aparte de eso no tenia parte del cabello, toda la cara de Cipriano era de color morado con negro y el olor, no puedo describir lo asqueroso que olia, aparte de eso en los hombros tenia ratas y algunas de ellas salien por los agujeros que tenia en la cara, lo empuje y lo aparte de mi, pensé que yo tambien tenia todo eso en mi cara y empecé a gritar con mucha fuerza "¡Auxilio!", me limpiaba la cara con mis dos manos muy fuerte y ellos empezaron a decir esas palabras de nuevo "¡Muere, muere, muere!", sin más remedio tome el cuchillo que estaba encima de la cama y temblando atravesé mi garganta, los pude ver muy felices sonriendo, vi a Cipriano, él me estiro la mano, me dijo "es hora de irnos" y cuando tomé la mano de Cipriano me desperté.

Todo había sido un maldito sueño. Desde ese momento todo cambió, ya nada volvió hacer igual, la verdad sentí que la vida se me estaba acabando, que todos mis días eran una pesadilla interminable, no trabajaba, no tenía dinero, lo único que me quedaba eran unos pocos ahorros que Cipriano tenía, aparte de eso nada mas tenia. La vida se me derrumbaba a cada minuto, la convivencia con Thomas fue empeorando, todo empeoraba hasta empece hablar sola en la casa, a caminar por esos pasillos sucios donde el olor estaba empezando a fastidiar a los vecinos, ya no me bañaba, ni me importaba mi aspecto fisico y Thomas en algunas ocaciones me pegaba, empezó a irse por días de la casa, ya no se quedaba conmigo, no me consolaba, ni me ayudaba a salir de mi melancolía.

Estaba completamente sola en esa casa, donde solo podía sentir la presencia de los espíritus, de mis hijas y mi esposo, nada mas corría por esa casa, hasta que decidí acabar con mi vida, ya no podia continuar asi, pero queria desahogarme, quería contarle a Thomas toda la verdad, quería que él supiera de la existencia y muerte de sus hermanas, lo que realmente pasó con su padre.

Cuando decidí contarle todo a Thomas, él tenía dieciséis años de edad y yo tenía sesenta y nueve, tenía que contarle la verdad, no me podía quedarme con esto en mi corazón antes de morir, así que espere a que volviera a casa y lo senté en la sala, donde le conté cosas que no puedo escribir en este libro, donde le conté cómo empezó todo, le conté sobre Emiliana, Isabella, la bebe y Cipriano aparte de eso le conté sobre ella, sobre esa mujer, pude desahogarme completamente en Thomas, pude decirle toda la verdad, nos quedamos más de cinco horas hablando sobre todo, le especifique algunas cosas, no todo pero es la única persona que sabe realmente cómo sucedió todo".

17

LA ADVERTENCIA

En ese momento me di cuenta que hacía falta la
ultima hoja, cerré el libro lo coloque sobre mis piernas
y pensé en todo lo que había leído, solo pensaba en
cómo esta mujer, como Vera fue capaz de hacer tantas
cosas en la vida, ¿como fue capaz de matar a su
esposo?, a ese hombre que estuvo con ella en todo
momento, como escribió este libro sin nisiquiera tener
respeto por sus propios familiares, como fue capaz de
hacer tantas cosas, sentí mucha impotencia, sentía
como mi sangre hervía ante lo que leía. Me levanté de
la cama y caminé por la habitación con miles de
preguntas en mi mente ¿Quién era esa mujer que Verá
siempre nombraba? porque hay tantos secretos en este
libro, entre mas leia, mas creía que Verá más vacíos
aparecian, creo que pasaron más cosas de las que
estaban acá escritas. Por su puesto me pregunté qué

pensaría Thomas después de que su madre le contó todo eso, pobre muchacho, con todas esas cosas escalofriantes, no sabia que pensar de Vera, de Thomas, de toda esa familia.

Mientras caminaba en mi cuarto escuche algunos pasos que venían de afuera de la habitación, me quedé quieta un momento y vi como se empezó abrir la puerta lentamente, espere unos cuantos segundos, me di cuenta que era mi mamá, me sentí muy feliz al verla, noté ella se acercó a la mesa y le dijo a mi cuerpo "Estoy muy feliz que te estés tomando el agua que e puesto para ti mi pequeña Celeste" voltee a ver la mesa, me di cuenta que habían varios vasos vacíos y dije: "Maldito Eider" pero vi en la cara de mi mamá mucha felicidad así que no le preste mucha atención a los vasos, me sentía feliz de que mi madre sintiera que yo estaba ahí con ella, mi madre tomó todos los vasos de la mesa y empezó a ordenar mi habitación, limpio el cuarto, abrió las ventanas para que entrara aire y me trajo más agua, esta vez si me la tome yo.

Pasando la tarde mi madre volvió a la habitación, cerró las ventanas, me acomodo la cama y se despidió de mi cuerpo, pero antes de salir de la habitación yo le tomé una mano y le dije que la amaba. Guarde silencio y fue en cuestión de segundos cuando y mi madre se quedó completamente quieta y dijo: "Celeste te pude sentir, sentí como tocaste mi mano", mi madre sonrió felizmente y me dijo: "ya vuelvo", salió de la habitación, no podía creer que ella haya sentido mi mano, estaba muy feliz, asi que espere con ansias en la habitación, cuando mi madre regresó traía con ella un vaso con agua y el libro de historias, colocó el vaso con agua en la mesa, se sentó al lado de mi cuerpo, abrió el libro y esta vez me contó una historia de unos animales, realmente no le preste mucha atencion porque tenia miedo que que Hunter y la anciana llegaran para arruinarlo todo, así que miraba por toda la habitación y caminaba revisando que no hubiera nadie, cuando me di cuenta mi madre ya había terminado la historia, se despidio de mi dándome un fuerte beso en la frente, me ordenó las sábanas, tomó el vaso que estaba encima de la mesa y salió de la habitación, pero antes de irse, se quedó unos minutos parada en la puerta de la habitación y me dijo: "tienes que ser una mujer muy fuerte recuerda todos esos personajes que yo te leo en estas historias, todos tienen muchas dificultades pero saben salir de todo eso, recuerda que tu padre y yo te esperamos con muchas ansias a que tu te levantes de esa cama y sigamos con nuestra vida para hacer de ella mucho mas feliz, te amo mi pequeña Celeste".

Mi madre cerró la puerta, me sentía muy aliviada por las hermosas palabras que ella siempre me decía. Camine por la habitación hasta llegar a la mesa y me di cuenta que habian muchisimas cartas, ya no cabían más, el cajón de la mesa estaba lleno, solo mire un poco por encima y me di cuenta que había varias cartas de mi padre, saque una de las cartas que decía: "Mi hermosa Celeste, espero te levantes pronto, porque tu padre tiene mucho que contarte de la fábrica". Recuerdo que cuando era muy pequeña mi padre me contaba historias fantásticas de la fábrica pero con el tiempo fue cambiando, no quería recordar lo malo, no quería seguir los mismos pasos de Vera y todo el rencor que tenía con su familia, quería ser diferente, así que solo quería salir de esto, deseaba tener las fuerzas para pasar la siguiente prueba con el fin de terminar con todo.

Deje la carta sobre la mesa, acomode todo como estaba, cuando estaba preparada para tocar la flauta sentí la presencia de Eider en la habitación, me di la vuelta rápidamente para ver donde estaba, efectivamente estaba entre la oscuridad de la habitación, logre ver ese rostro escalofriante, me quede quieta, él se fue acercando lentamente a mi y me percate de que esta vez no venía solo, la anciana estaba con él, cuando estaba a cinco pasos de distancia empezó hablar "Crees que vas a poder pasar la última prueba, yo creo que no, estoy seguro que el tiempo estará contra ti, no habrá manera en la que puedas ganar, eres una pequeña humana que tiene limitaciones, eres frágil y tu destino es morir", mientras hablaba podía percibir ese olor a carne podrida y fue ahí cuando ella me habló, la anciana, esa mujer que siempre estaba en las espaldas de Eider, me habló, me dijo: "Estupida jovencita, crees que puedes salvarte la vida y leer toda la historia como si nada mas pasara, cada vez está más cerca tu final, y yo también me gozare al ver tu sufrimiento en las garra de Eider, sera muy gratificante ver como esa piel se caera lentamente de tu cuerpo y por mas ayuda que supliques nadie la escuchara, pero no te sientas mal, ese es el final de todos los humanos, morir pidiendo a gritos un poco mas de vida".

Mi corazon latia muy fuerte, me sentía indefensa no sabia que hacer, siempre que Eider estaba en mi presencia toda mi fuerza se iba, nunca encontraba librarme de las palabras de él, solo los miraba y respiraba lentamente, ellos se reían, en ese instante

Eider empezó a caminar hacia mi cuerpo y fue ahí cuando me llene de fuerzas para ponerme al frente de él y no dejarlo hacer nada, mientras él caminaba me atravesé en su camino y le dije que se detuviera, que no fuera a tocar mi cuerpo, que me dejara en paz mientras pasaba la última prueba a lo él que respondió: "Sólo quiero oler esa carne fresca" y se rió, la anciana le hizo una seña con la mano y Eider camino hacia ella, no entendía que le había dicho, yo solo me quedé parada junto a mi cuerpo, la anciana me volvió hablar: "Pronto nos veremos Celeste", desaparecieron en la oscuridad de mi habitación.

Me toque la cara, respire fuertemente, me senté al lado de mi cuerpo, me tomé la mano y me dije a mi misma que todo estará bien, respiré un poco, me levanté de la cama, acomodé las manos de mi cuerpo y busqué la flauta. Cuando encontré la flauta la mire con mucha esperanza, solo esperaba que esta última prueba fuera muy rápida y que no tuviera ningún problema en pasarla, deje el libro debajo de la cama y me dije a mi misma "Tu puedes Celeste tienes que ser muy valiente y fuerte" y toque las notas musicales para invocar a Hunti.

18

PRUEBA FINAL "EL ANILLO"

Cuando termine de tocar las notas musicales Hunti apareció en la habitación, esta vez los ojos de Hunti estaban muy claros se podían observar algunos objetos de la habitación en los ojos de él y me dijo: "Ha llegado a la última hoja faltante, eso es un gran avance para una simple humana con el cuerpo tan frágil y el mismo destino que todos tienen, que es morir", me quedé en silencio, se me hacia muy extraño escuchar casi las mismas palabras de Hunti y Eider, lo mire con desdén, había pasado por mucho para tener que escuchar todo eso, y solo quería acabar con esta pesadilla así que le pregunte: "¿Cuál es la siguiente prueba?" Hunti me respondió: "¿Cuál es el afán?, primero mejorare un poco tu cuerpo para darle señales de vida a tu familia o tal vez las últimas señales", eleve una mirada fría hacia él, llena de rabia y le respondí: "Me esforzare como nunca para pasar esta prueba, lo voy a lograr", Hunti no respondió absolutamente nada, caminó por la habitación hasta llegar a mi cuerpo, sacó su mano de ese manto oscuro que siempre lleva puesto, me di cuenta que tenía en la mano una cadena de piedras brillantes y colocó esa cadena en la frente de mi cuerpo, sentí como involuntariamente me acercaba con prisa a mi cuerpo y cuando estaba al lado, sentí como revivía, unas máquinas empezaron a sonar muy fuerte mi madre subió las escaleras corriendo, con prisa llamó al médico. Mientras eso pasaba, yo le preguntaba a Hunti "¿Qué está pasando?" a lo que él respondió. "le he dado más vitalidad a tu cuerpo".

Cuando llegó el doctor tomó mis signos vitales y le dijo a mi madre "es un milagro, los signos vitales de Celeste tuvieron una mejoría, el cuerpo está reaccionando a todo, eso significa que puede haber la posibilidad de que pronto se levante de la cama", mi mamá lloró como nunca y se arrodillo el doctor desconecto unas máquinas, le dijo a mi madre que no perdiera las esperanzas, ella se levantó del piso me dio un beso en un cachete y me dijo: "mi bella Celeste se fuerte aca te estamos esperando", los dos salieron de la habitación, yo estaba muy feliz al otro lado de mi cuerpo, ya sentía que estaba con mas vida, me sentía mucho mejor, tenía todas las fuerzas y motivos para pasar esa última prueba y estar con mi familia.

Hunti empezó a caminar por la habitación y me dijo: "Esta es tu última prueba la más difícil supongo, esta vez irás sola" lo interrumpí, le recordé que cuando inicio todo esto él me dijo que siempre tendría ayuda, Hunti me miró, sus ojos estaban un poco más oscuros y me dijo: "nunca dije que no tendrás ayuda, te dije que irás sola" guarde silencio y seguí escuchando

"recuerdas aquella habitación donde estaba esa mujer y lograste ver algunos objetos encima de una mesa, pues has encontrado dos de los tres objetos más valiosos para esa mujer", en ese momento me acordé del dedo, el oso y el anillo y le dije: "falta el anillo" me volteo a mirar, simplemente ignoró mis palabras y siguió hablando, al lugar que vas a ir ya es conocido para ti, y el nombre que le voy a decir también, Rodolfo Marnoc" tuve que pensar un buen rato, pero finalmente recordé que él señor con ese nombre fue ese loco que violó a Vera y Hunti continuó hablando. "un anillo tendrás que encontrar, el tiempo nunca va a parar, pero para que tu vida puedas salvar y esta prueba rápido pasar, el anillo de las manos de Marnoc debes arrebatar, en la habitación que él suele habitar.

Te darás cuenta que a un loco simplemente le cuesta ver más allá de la realidad, tienes que tener presente que te vas a enfrentar a un maníaco, esta prueba no va hacer igual que las demás, esta vez Rodolfo si te va a poder ver y tocar, solo estará en tus manos librarte de la muerte y el tiempo nunca se detendrá.

Recuerda que los locos son como los animales muy fáciles de distraer, solo hace falta tener una gran imaginación para controlar todo lo que ellos creen que es verdad, esta vez la imaginación no tiene limites y solo si la usas adecuadamente el anillo obtendrás, no irás sola, esta cadena contigo irá, la colocare en tu cuello y solo tendrás que creer para que su magia puedas mirar, esta cadena es muy poderosa y si la aprendes a manejar con rapidez acabarás".

Estaba ahí parada en mi habitación, escuchando cada palabra que Hunti hablaba, cuando coloco la cadena en mi cuello sentí que en mis hombros cargaba un gran peso, no sabia como iba a encontrar ese anillo y ademas, no sabia como iba hacer para que ese hombre simplemente no me encontrara, tenía mucho miedo, no podía imaginarme que pasaría cuando llegara allí, pero no tenía más opción que arriesgarme a pasar esta prueba, así que le dije a Hunti: "Quiero empezar ya".

Hunti coloco su manto sobre mis manos, acerco su cara a la mia y sus ojos irradiaban diferentes colores en la pupila, alcanze a ver como muy en el fondo estaba la estrella de ocho puntas rellena de negro. En cuanto menos lo espere empezó el viaje, así que cerré mis ojos, pasaban muchas cosas por mi mente, pensaba en pasar la prueba lo más rápido posible para estar nuevamente en casa sin ninguna complicación, poder estar con mi familia, sentía que el tiempo se apoderaba de mí y esta vez estaba sola, tenía que pensar rápido y aprender a usar esta cadena sin tener equivocación alguna.

Cuando llegamos Hunti me dijo que abriera mis ojos, estaba dentro de un lugar un poco extraño, era muy parecido a un hospital, tenía pasillos alargados y varias puertas a los lados, por su parte, Hunte me miró y me dijo: "Tienes que buscar la habitación donde se encuentra Rodolfo, el tiene el anillo guardado, tendrás que ser una observadora meticulosa, muchas veces en las cosas pequeñas se encuentran las grandes respuestas, en esta prueba trata de usar toda su imaginación, ya te has dado cuenta como muchas de las limitaciones del mundo de los vivos no aplican en tu estado, por última vez, te deseo buena suerte" sacó el reloj de arena del bolsillo y le dio la vuelta, el tiempo empezó a correr.

Hunti desapareció, no sabía cómo empezar, me quedé unos segundos pensando que hacer, solo tocaba la cadena con mi mano derecha hasta que tome la decisión de caminar. No me costó darme cuenta que las habitaciones tenían marcas de algunos números, me acerque a la primera puerta y la empecé abrir con mucho cuidado, la deje un poco entreabierta, me acerque a mirar, pero noté que no había nadie ni nada, así que empecé abrir todas las puertas un poco más rápido y no encontraba nada, empecé a correr por el pasillo abriendo todas las puertas pero siempre con el mismo resultado.

Estaba sola en ese enorme pasillo, sin ninguna ayuda me empecé a poner algo nerviosa, no sabia que hacer, no tenía pistas, no tenía nada, era como si estuviera entre la espada y la pared, estaba en un punto muerto en el que no hallaba solución alguna, me sentía sin esperanzas, no había ruido, no había nada, lo único que sabía, era que el tiempo se me estaba acabando, me estaba desesperando y ahí fue cuando escuche "ten calma", me levanté del piso con rapidez y mire a mi alrededor pero no pude hallar de donde vino esa voz.

Empecé a temblar pensando que había un loco en algun lado y yo no me habia dado cuenta, me quede quieta al lado la pared, pero no vi, ni sentí a nadie, así que tome fuerzas y dije "quién está ahí" y volví a escuchar esa voz, me quede paralizada porque esta vez escuche que la voz provenia de mi pecho lo primero que hize fue notar la cadena que tenia colgando en mi cuello, me di cuenta que estaba alumbrando y tocando la cadena le dije: "eres tu, quien me habló" y me respondio: "si" me quede asombrada, recordé lo que Hunti me había dicho: "solo tendrás que creer para que su magia puedas mirar" me quede pensando unos minutos y le dije a la cadena: "Cual es el numero de habitacion de Rodolfo", la cadena me respondio: "trecientos seis", rapidamente camine por el pasillo mirando los numeros de habitacíon pronto identifiqué que estaban en desorden, pero que el piso donde estaban solo habian numeros del diez al treinta, corri por el pasillo tratando de buscar mas numeros pero no encontre mas, me quede parada en la mitad del pasillo, me percate que al final habia una puerta diferente a las demas tenia un color como plateado y corri hasta alla. Cuando llegue abri la puerta con cuidado, habían unas escaleras así que abrí la puerta completamente y fui a buscar la habitación trescientos seis, subí las escaleras llegando a otro piso, que era igual al anterior pero esta vez habían números del sesenta al cien combinados, me devolvi a las escalera, subí al otro piso, esta vez habían números del cuarenta al cincuenta y se pasaban al uno. Opte por no subir más y empezar a bajar pero ahora había números del mil al dos mil, otra vez entre en desesperación, por mas que subía las escaleras o las bajaba era imposible encontrar aquella habitación, volví a las escaleras y me acerque a la barandilla, saque un poco mi cabeza para mirar cuántos piso había, me di cuenta que no había un límite las escaleras eran infinitas tanto arriba como abajo, no había fin, me quede pensando y dije: "esto es un maldito laberinto sin salida" cómo iba a pasar esta prueba, no sabia como encontrar esa habitación pero de nuevo la cadena me volvio hablar, "si subes tres pisos y encuentras la habitación seis puede ser que en el medio de esos dos números haya un cero" no le encontraba lógica a lo que la cadena me estaba diciendo pero no tenía más opción que subir tres pisos, tenía que intentarlo por más descabellada que fuera esta prueba, tenía que ir a ese piso y buscar la habitación seis.

Corrí por los pasillos nuevamente, me dirigí a las escaleras y subí tres pisos. Cuando empecé a ver las habitaciones puede ver en una visión a Hunti con el reloj de arena que estaba en la mitad, me afané y empecé a buscar la habitación número seis, pero era como si los números simplemente se movieran, las primeras habitaciones estaban normales uno y dos pero la tercera tenia el numero siete, la cuarta tenia el numero cinco, y si eso no bastaba, cuando me pasaba para al frente en las otras puertas habían numeros de miles, respire y pensé si los números se corren el seis tendrá que aparecer en cualquier momento, afortunadamente pude recordar las palabras de Hunti "Esta cadena es muy poderosa y si la aprendes a manejar con rapidez acabarás", toque la cadena con mi mano derecha pensé en ese momento tal vez lo más absurdo pedirle a la cadena que me mostrara la habitación, pero en ese momento ya no tenia mas opcion asi que le dije a la cadena: "Muéstrame la habitación" la cadena alumbró un poco y los números de las habitaciones empezaron a cambiar con rapidez, hasta que al frente mío estaba la habitación "trescientos seis".

Respiré profundamente, me sentí más calmada. Abrí la puerta lentamente y me di cuenta que había un hombre en el piso acostado boca abajo, tenía una bata de hospital con una abertura en la espalda; en las manos y los pies habían unas marcas como si hubiera estado amarrado a algo, no tenía cabello y logre ver en la espalda algunos rasguños, vi que había un pequeño armario contra la pared, había algunos pantalones y camisas, todo estaba en orden, excepto la cama, había manchas de sangre y estaba totalmente desordenada, cerré la puerta con cuidado y detrás de la puerta empecé a planear mi entrada al cuarto sin que él se levantara del piso, así que tomé la decisión de entrar a la habitación y empezar a buscar el anillo, por lo que se me ocurrió buscar en el armario.

Volví a abrir la puerta con mucho cuidado, empecé a caminar lentamente por la habitación rodeando el cuerpo de Rodolfo. Cuando estaba cerca del armario Rodolfo se levantó, me miró, dio un salto muy rápido para abalanzarse sobre mí, me tomó del cabello con gran fuerza y me pegó contra la pared, colocó su mano en mi cuello y mientras tanto gritaba "¿Quien eres, quien eres?".

Sentí que se me iba la respiración tomé la cadena con mi mano derecha y dije en mi mente "sácame de aquí", la cadena alumbró un poco y en un parpadeo yo estaba fuera de la habitación, me tocaba el cuello y sentía un fuerte dolor en mi garganta, me costaba pasar saliba, respiraba con dificultad, solo miraba la puerta de esa habitación. Estando afuera podía escuchar como Rodolfo gritaba fuertemente "sal de mi cabeza, quién eres" di unos cuantos pasos hacia atrás, me recosté contra la pared pensando que Rodolfo saldría en cualquier momento de esa habitación y me pegara nuevamente. De repente la cadena me volvió hablar "él no puede salir de la habitación esa es su condena, estas a salvo aca", al mismo tiempo volvi a ver a Hunti, el reloj de arena estaba a unos cuantos granitos para terminar. En medio del pánico pensaba en como volver a entrar a ese cuarto y salir con vida, mientras pensaba tocaba la cadena con mi mano derecha y decía cómo puedo entrar a esa habitación sin tener errores y tomar el anillo, sentí que paso mucho tiempo y yo aun no tenia nada y volvió aparecer Hunti esta vez no me mostró el reloj de arena solo me dijo: "Imagina, solo utiliza la imaginación, el tiempo se está acabando".

Camine hasta la puerta, le pedí a la cadena que me mostrara donde estaba el anillo, pude ver a través de las paredes, ví el anillo entre las cobijas de la cama y luego desapareció. Pensaba en como usar mi imaginación, sin muchas expectativas, le pedí a la cadena que hiciera flotar toda la ropa de la habitación, abrí un poco la puerta de la habitación, en ese momento la cadena alumbró y toda la ropa empezó a flotar, espere unos tres segundos afuera y entre con rapidez dando un salto en la cama empecé a buscar el anillo entre las cobijas, después de unos cuantos segundos tome el anillo en mi mano, solo dije con mi voz un poco ronca "lo encontré", en ese momento vi a Rodolfo saltar hacia mi con un vidrio en su mano, pero de pronto todo se quedó quieto, sentí como una energía consumio todo mi cuerpo llevándome al primer pasillo donde empezó la prueba.

Cuando llegue estaba Hunti parado a unos cuantos pasos de mi con el reloj en la mano y me dijo: "tomaste el anillo en el momento preciso, cuando el último grano de arena bajo, casi mueres pero contra toda posibilidad lo has logrado", me deje caer al piso con el anillo en mi mano y una lagrima se asomo mientras sonreía, sabía que ya todo esto iba acabar, sabia que ya no habrían más pruebas, todo estaba por terminar, Hunti se acercó a mí y me dijo: "la cadena es muy poderosa, ayuda a los condenados cuando más lo necesitan, la única condición es que quien la porte haya hecho actos de valor, pues toda magia requiere un precio y este collar está hecho de la magia más pura y bondadosa. Hasta el momento todos habían fallado, la cadena jamás los escuchó, pero en tu caso fue distinto, las pruebas anteriores ayudaste algunas personas en su sufrimiento, y aunque fuera un gesto mínimo, fue suficiente para que el collar te permitiera hacer uso de él, y si soy honesto contigo pudiste haber logrado esta prueba si realmente te hubieras arriesgado a usar todo su potencial, aunque entiendo que el miedo no permite pensar con claridad".

Me sorprendieron aquellas palabras, me pregunté que tanto podía lograr con aquel collar, sin embargo, en ese momento me fue arrebatada del cuello por Hunti, quien en ese instante solamente me dijo: "es hora de irnos", él se acercó a mí, colocó su manto sobre mis manos y empezamos el viaje de retorno, cerré mis ojos pero esta vez sabiendo que no volvería a tener que pasar por esta pesadilla, sabía que ya todo estaba a punto de terminar, solo pude pensar en que volvería a vivir y que no iba a desperdiciar esta segunda oportunidad que me dio el destino.

Cuando llegamos a mi habitacion abri los ojos, quería abrazar a Hunti, quería gritar de la felicidad, había pasado la última prueba, todo el panorama era alentador, así que camine hacia mi cuerpo tome mi mano y me dije a mi misma que ya casi salimos de esto, Hunti estaba detrás mío, pero solo me dijo "Termina de leer el libro" y se desvaneció frente a mi.

19

LA NOTICIA

Estando al lado de mi cuerpo me pude dar cuenta que mi salud estaba mejorando mucho, mi respiración estaba mejor y mi semblante se veía más colorido, ya no estaba palida, mi cabello estaba volviendo a crecer, recordé que mi cuerpo, cara y cabello estaban terribles, estaba irreconocible por lo delgada y pálida tenía algunas partes calvas en mi cabeza, pero cuando pase la última prueba todo estaba mejorando, mi aspecto estaba cambiando muchísimo, me sentía muy bien, me senté al lado de mi cuerpo y acariciaba mi cabello. De pronto entró mi mamá y mi papá al cuarto me dio mucha alegría verlos y mi madre le mostraba a mi padre como mi cuerpo estaba mejorando, mi padre se alegró, se acercó a mi cuerpo, me dio un beso en la frente y me dijo: "sé que pronto despertaras, tenemos una gran noticia para ti mi pequeña Celeste" miré a mi papá y dije en mi mente "una noticia", mi papá tomó la mano de mi mamá los dos se miraron con gran felicidad y hay fue cuando mi papá me dijo: "Tu mamá está embarazada".

Me quede en shock, no lo podia creer mi madre no podia tener hijos y resulta que ahora estaba embarazada, estaba emocionada, llore de la felicidad, queria despertar para darles un fuerte abrazo, me sentia muy feliz por ellos, estaba anonadada de la noticia, mi padre abrazo a mi madre y tomo la mano de mi cuerpo y dijo: "hija tienes que despertar pronto para que puedas acompañarnos en esta nueva etapa", estaba feliz y mi madre me dijo: "queremos que estes aca con todos para que conozcas al nuevo miembro de nuestra familia", todo pintaba de maravilla, mi madre y mi padre se despidieron de mi cuerpo, me dieron las buenas noches y cerraron la puerta, estaba completamente feliz, al mismo tiempo vi que Hunti habia vuelto, estaba en los pies de la cama y me dijo: "Celeste esto aun no ha terminado tienes que leer el libro, terminarlo lo más pronto posible, ya pasaste todas las pruebas pero aun faltan cosas por leer", mire a Hunti y le dije que tenía algunas preguntas sobre el libro y que si él me podria dar alguna respuesta, por su parte él me miro y me dio un rotundo: "no" retocedio unos cuantos pasos añadió, "El libro es un misterio, sus páginas guardan secretos muy profundos, solo las personas que leen con atención y miran detalladamente encuentran la verdad detrás de todo esto, solo existía una persona que sabía la verdad, esa persona murió, hace mucho tiempo pero le contó todo a alguien y esa persona guarda todos esos secretos en el corazón, yo solo soy un simple servidor de las almas perdidas, un alma que divaga de la misma manera que muchas otras, soy un don nadie que protege, sin embargo, creo que es mucha información por el momento, solo enfocate en leer el libro y terminarlo lo mas pronto posible, recuerda que Hunti quiere con ansias tu carne, no le des el gusto de dársela, termina lo que empezaste por tu curiosidad" Hunti dio unos cuantos pasos a la izquierda y una sombra lo consumió por completo, me quedé pensando en todo, Hunti siempre habia sido muy misterioso, cada que él hablaba era como si me dijera todo pero al mismo tiempo no me decía nada, era muy extraño pero sabía que era un ser muy sabio, podía guardar muchas cosas en su alma pero también sabía que era un alma pura, tal vez encerrado en este juego por alguna razón que desconozco, sin más espera tome el libro que lo había dejado bajo la cama, me senté al lado de mi cuerpo y nuevamente empecé a leer.

Cuando abrí el libro apareció la última hoja, esta vez solo decía Thomas, no había dibujos no había nada solo ese nombre escrito con sangre ocupaba toda la hoja, observe por unos cuantos segundos pero decidí ignorar todo para seguir leyendo, así que pase la hoja y empecé nuevamente a leer este libro rojo.

20

ULTIMAS HOJAS

"Primero le pedí a Thomas que se sentara conmigo en la sala al principio él se negó, no quería escucharme, me trataba como una completa loca, pero él era lo único que yo tenia asi que lo que me faltaba era contarle todo, en ese momento sentí que me estaba ahogando con toda esta culpa sobre mí. Cuando él por fin decidió sentarse y escucharme yo empecé a contarle cosa por cosa, le conté como me había conocido con Cipriano y como la relación fue fortaleciéndose con los años, le dije que yo era muy feliz con su padre y que mi vida era como un cuento de hadas, que lo único que me faltaba era tener hijos, le conté cosas que como ya dije no puedo escribir aca, son actos que se me salieron de las manos, nunca pense las verdaderas consecuencias de todo esto.

Fue muy doloroso desahogarme con Thomas, cada palabra que salía de mi boca era una herida mortal para los dos, nunca me había fijado en lo mal que había actuado en mi vida, me deje cegar por actos estúpidos frente a mis hijos y para empeorar aún más las cosas, mis actos fueron imperdonables, termine mis relatos con la muerte de Cipriano, cuando llegue a ese punto Thomas no me queria escuchar mas, lloraba sin parar, me decía que le había destruido la vida, que era una maldita loca y que todo lo tenía que pagar, no podía creer lo que me estaba diciendo mi propio hijo, pero sabía que era verdad, no podía pelear por las acusaciones que Thomas hacía contra mí, todo el tiempo pensé en mi bienestar, nunca llegue a ser comprensiva y lo peor de todo es que muy en el fondo de mi corazón no me arrepentía de haber matado a mis hijos. Lo que más me destrozaba el alma era saber que mate a mi esposo mi Cirpirano, el amor de mi vida, el hombre con quien quería envejecer, ese si fue un gran error, le conté a Thomas que tenía que escoger entre él y su padre para que la mujer me dejara en paz y que yo había escogido a Cirpirano, porque él mi pequeño Thomas es mi gran amor, en ese punto de la historia Thomas me dijo unas palabras que me llevaré hasta mi muerte "Quien te crees para escoger entre la vida y la muerte de alguien, eres una maldita loca y tendrás que pudrirte en esta casa sola, hubieras pensado mejor las cosas y haberme matado a mi, porque te odio! como nunca en la vida había odiado a alguien", era verdad yo no era absolutamente nadie para escoger quién moría y quién no, pero esa palabra "odio" marcó mi vida por completo.

Sentada en ese sofá sentí mucha ira, quería matar a Thomas, pero él ni siquiera me dio el tiempo para pensar, se levantó del sofá y me dijo que quería estar solo y se fue para la habitación. Yo me quede en el sofá llorando y pidiendo perdón por mis actos, pero no pasó más de treinta minutos cuando Thomas bajo las escaleras, tenía una maleta en los hombros me miro en el sofá y me dijo: "espero te pudras en el infierno" yo me levanté del sofá y le dije: "¿que vas hacer?" a lo que él me respondió: "me voy de esta maldita casa" lo tome de las mano y le suplique que se quedara conmigo pero él me dio un empujón, me tiró al piso y estas fueron sus últimas palabras "no quiero volver a saber nada de ti, estás maldita" se dio la vuelta, salió de la casa y desde ese dia no volvi a saber nada más sobre él.

Quede sola en la casa sin ningúna esperanza, los días pasaban y yo deje de comer, de bañarme y no me levantaba del sofá, solo me levantaba para orinar y defecar en un balde que tenía junto a la mesa, entre en desesperación sola en la casa. En algunas ocasiones podía escuchar ruidos pero nada más, toda mi familia había desaparecido, lloraba todos los dias y empece hablar conmigo misma por horas y horas sabía que moriría en mi casa sola sin que nadie se diera cuenta, suplicaba porque Emiliana apareciera en la casa, queria verla asi fuera muerta, pero queria sentir la presencia de alguien en la casa desafortunadamente eso nunca paso, el lugar estaba completamente desolado.

Estando un dia cn la casa en ese sofá viejo volvió aparecer ella y me dijo: "es tu turno", mi mente divagaba en viejos recuerdos del pasado, era como si la presencia de ella no me hiciera absolutamente nada, no le respondí nada, me quede en completo silencio y ella desapareció. Pasaron algunos meses para que mi vecina se diera cuenta que algo andaba mal, se contactó con las autoridades y llegaron a mi casa, cuando entraron no podían creer que yo estuviera viva con el olor que tenía la casa y con mi aspecto casi putrefacto, me preguntaron por Thomas, yo les dije que me había abandonado, después empecé hablar puras estupideces.

Los oficiales hablaron entre ellos y me dijeron que me llevarían a un asilo por mi estado, ese era el único lugar en el que me podrían ayudar. Yo estaba ahí sentada en ese sofá, olía a horrible pero no me importaba nada. Los oficiales se fueron de la casa y regresaron a las pocas semanas, cuando llegaron yo estaba peor que la última vez, me dijeron que no me podían entregar al asilo porque no tenían pruebas de que yo estuviera loca así que me iban a dejar en la puerta para que yo me entregara sola, les dije que si. Me llevaron al manicomio, me dejaron en la entrada para luego marcharse mientras yo me sente en la puerta, recuerdo que ese dia estaba nevando fuertemenete, yo no tenia zapatos ni la ropa adecuada para el frio asi que fue cuestion de minutos para que mi cuerpo empezara a tornarse morado, pasaron unas horas y una monja se percato que yo estaba ahí, salió corriendo abrió las puertas, me entro al manicomio, me coloco unas mantas en el cuerpo y se dio cuenta que los dedos de mis pies estaban de color morado, asi que llamo al doctor y me amputaron los dedos de mi pie izquierdo, me preguntaron que porque estaba en la puerta del manicomnio y les dije: "Mi nombre es Vera Sarcotines y mate a mi esposo en defenza propia, tengo setenta años y puedo ver espiritus, escucho voces en mi mente, mi unico hijo me abandono y estoy sola en mi casa, sola con los espíritus que me persiguen" los doctores me miraron y me colocaron una manta, escribieron varias cosas en unas hojas y lo guardaron todo en unos folios, me llevaron a un cuarto y después de eso empezó la peor parte de mi vida.

"Hoy a mis setenta y un años de edad escribo este libro encerrada en este asilo, en esta pocilga de mala muerte con estas sucias ratas y cucarachas, aunque todos me dicen que es el mejor lugar para vivir, pues hoy les digo que se van arrepentir de haberme metido acá y abandonarme. Todos se darán cuenta que cometieron el peor error de sus vidas porque acá es donde he pasado las peores cosas y hoy será el último día de mi vida, ya he pasado por mucho y creo que es hora de partir, malditos sean todos.

Solo dejare este libro donde les relatare un poco de lo que fue mi miserable vida, no podía tener hijos asi que decidi hablar con ella para que me ayudara, pero lo que hizo fue maldecir cada parto que tuve y hoy encerrada acá como última voluntad la volveré a contactar, le pasare el libro y que ella haga lo que quiera, estoy cansada de esta vida miserable, lo único que me queda es morir para no seguir más en esta maldición donde cada dia me deterioro más, lo que me paso aca nadie lo va a borrar de mi mente.

Por último, me queda decirles que este libro fue escrito por Amelia Coutts, esposa de Cipriano Coutts y madre de Emiliana, Isabella, Damari y Thomas Coutts".

21

Preguntas

En ese momento me di cuenta de que había terminado el libro, pero ¿Quién es Vera Sarcotinez?, ¿Quién es la mujer que ella contacto? y ¿Quién es esa última mujer, Amelia Coutts? Este libro tenía muchos secretos y realmente no había llegado al final de nada. Tenía el libro en mis manos con toda una historia, pero la sensación era que no había resuelto ni entendido nada, había leído este libro por unas cuantas semanas, pero en realidad estaba lleno de mentiras sin un final real.

Me quede sentada en el piso con el libro en mis manos, estaba en la última hoja donde decía: "Por último me queda decirles que este libro fue escrito por Amelia Coutts, esposa de Cipriano Coutts y madre de Emiliana, Isabella, Damari y Thomas Coutts", reflexionaba entorno a esto, pero no hallaba ninguna respuesta de todas las preguntas que habían en mi cabeza, así que cerré el libro, y no pasó más de cinco segundos para que aparecía Hunti entre la oscuridad de mi habitación, camino hacia mi y me dijo: "Felicitaciones has terminado el libro, eres libre para vivir tu vida", estiró su manto para que yo le entregará el libro, pero tenía muchas preguntas en mi cabeza así que me levante del piso y solo le pregunté: "¿Qué pasará ahora con el libro?", Hunti se paró frente a mí y me dijo: "pasara a manos de otro desafortunado", me quedé pensando y le dije: "¿Cómo es posible que esta maldición siga?" Hunti quedó en silencio por unos cuantos minutos, yo quería respuestas, estaba desconcertada ¿cuántas personas más tenían que morir por culpa de las acciones de esa mujer? Habían muchas preguntas en mi mente sin ninguna respuesta, Hunti me habló en ese momento y me dijo: "pásame el libro" era estupido preguntarle cualquier cosa a Hunti, él nunca me daría una respuesta, estaba desanimada, no quería que muriera alguien más, quería parar esto pero estaba sola sin ayuda así que mire a Hunti con decepción y le entregue el libro, él tomó el libro con el manto y lo guardó en lo que supongo que es un bolsillo, mientras él guardaba el libro yo le dije: "Quiero acabar con esta maldición".

Hunti termino de guardar el libro y me dijo: "hasta el dia de hoy, has sido la única persona en sobrevivir a esto, cada jugador tiene distintas pruebas, nada es igual, el libro siempre se le presenta a personas débiles y curiosas, es casi imposible acabar con esto, pero, si es posible, aunque no tengo permitido hablar sobre el libro, ni responder acerca de todo esto, si te puedo ayudar con pistas, existía una persona que sabía toda la historia sobre Amelia Coutts, esa persona murio con los años pero le contó la historia a alguine muy cercano, tal vez un familiar y hasta el dia de hoy solo hay una persona con vida que escucho la verdadera historia, es alguien que sabe cosas que solo la verdadera Amelia Coutts tenia en su corazon, si quieres tener mas respuestas averigua quien es, busca pistas, se inteligente y audaz porque este mundo esconde mucha magia, muchos secretos, solo las personas dispuestas a ver y escuchar la verdad abriran los ojos", Hunti guardo silencio despues de esas palabras y yo tambien, todo quedo completamente silencioso, solo se podia escuchar la respiracion de mi cuerpo en la cama y le pregunte: "¿Dónde puedo encontrar a esa persona?" Hunti me miro y saco de su manto un lienzo muy delgado estaba envuelto con una cinta roja y me dijo: "Este lienzo te mostrará quién es el siguiente jugador, puede mostrarte más si así lo deseas, pero se cuidadosa y celosa muchas personas desearían tener ese lienzo, no es un simple papel, guarda grandes secretos, escóndelo y se muy precavida para usarlo, pocas personas saben del verdadero poder que hoy te entrego en tus manos".

Tome el lienzo con mi mano derecha, solo lo mire por encima, no lo abrí y Hunti agregó: "guárdalo pronto, llegará Eider y no quiero que él mire el lienzo", lo tomé en mis manos, me levanté un poco la camisa en la parte de atrás y escondí el lienzo en mi espalda, metiendo un poco en mis pantalones para que no se fuera a caer, justo en ese instante cuando guarde el lienzo aparecio Eider y la anciana, todos estábamos en la habitación nunca llegué a pensar que estaría en este punto de mi vida con estas personas acá. Mire a Eider y ya no sentía miedo, me sentía tranquila porque sabía que todo había acabado, solo faltaba que mi cuerpo empezara a mejorar, los tres espíritus Hunti, Eider y la anciana estaban al frente mío, de pronto Eider me dijo: "Es una verdadera lástima no haberme podido comer ese cuerpo, tenía muchas ansias por probar cada parte, pero sé que el destino nos tiene para mas cosas juntos, lo puedo sentir en mi sangre es como si fueras un imán, yo sé que las cosas no terminan acá".

Mientras Eider hablaba sacaba la lengua y la pasaba por esos diminutos labios que tenía, me daba asco, pero no le demostre ningún signo de miedo, ya era libre y terminó de hablar con una frase que me intrigó, pues dijo: "El destino nos tiene una gran jugada preparada, será un gran encuentro" su sonrisa se volvió más grande, su aspecto siempre fue espeluznante, estiró su mano hasta mi cara tocando mi cachete y se despidió, la anciana no dijo ni una sola palabra y desaparecieron de la habitación.

Solo quedamos Hunti y yo, recuerdo que Hunti se acercó a mi cuerpo y me dijo: "Fuiste una gran jugadora, espero uses bien el lienzo, este es mi adios" se quedó unos segundos pensando y me dijo: "Recuerda que una despedida es como un juego de azar, muchas veces vuelves a ver los mismos números en diferentes situaciones", después de eso se acerco a mi cuerpo que estaba en la cama, colocó su manto sobre mi cabeza y antes de irme le dije: "gracias, estoy segura de que no lo hubiera logrado sin tu ayuda". Sentí como todo mi cuerpo se elevaba, mi habitación empezó a tornarse de varios colores luminosos, al final solo escuché como mi mamá y mi papá corrían hacia la habitación y mi mamá gritaba con desesperación llama al doctor y yo estaba en la cama con los ojos abiertos.

Cuando llegó el doctor no lo podía creer, me dijo que me iba a tomar los signos vitales y que esperara un poco recostada en la cama, pero yo me sentía muy bien, pero el médico insistió en que debía ir al hospital para hacerme algunas pruebas, mi madre y mi padre no paraban de llorar, yo no decía ni una sola palabra al fin y al cabo estaba muy feliz, pero no quería moverme porque tenía miedo de que algo altera mi salud, así que esperé, llegó una ambulancia a la casa, me llevaron al hospital donde me hicieron varios exámenes, tras varias revisiones todos los resultados eran negativos, no tenia ningun problema, estaba completamente sana, nadie lo podía creer, el doctor no encontraba nada en mi cuerpo, era un milagro, así lo llamaron todos, "yo era un milagro", el milagro más grande en mi época.

Después de unos días me hicieron algunos exámenes físicos para determinar el estado de mi motricidad, locomoción y capacidad de habla, por supuesto yo era la única que sabía, por todo lo que había pasado para salvara mi vida y ese es un secreto que me llevaré a la tumba, o eso pensaba en ese momento, después de todo me dieron de alta en el hospital. Mis padres se encontraban realmente emocionados, cuando me dieron de alta y los vi en la entrada del hospital, corrí hacia ellos, los abracé muy fuerte, fue algo muy hermoso para mí, y es un recuerdo que voy a atesorar toda mi vida.

Nos fuimos para la casa, cuando llegamos mi mamá, preparó una gran cena, por su parte mi padre no paraba de abrazarme y besarme, me di cuenta de que la panza de mi madre estaba grande y le dije: "¿Acaso engordaste?", a lo que ella y mi padre se rieron y mi padre me dijo: "estamos esperando un nuevo miembro en la familia", fue cuando recordé que mi madre estaba embarazada, pero ya tenia el estomago grande y les pregunte que cuanto tenia de embarazo a lo que mi madre respondió: "siete meses". Me quedé asombrada, yo tenía la certeza que había estado en coma unas cuantas semanas y les pregunté: "¿cuánto tiempo pasó desde que había caído en coma?", a lo que mi padre respondió con una cara triste por el recuerdo: "un año", sentí que me faltaba la respiración y le pregunté: "¿Qué año es?", a lo que mi padre respondió: "1962" quede sin palabras sentada en esa silla de la sala, ese libro rojo realmente tenía muchos secretos, ¿como pudo ser tan específico en la fecha?, ¿cómo no pude notar el paso del tiempo?, les dije a mis padres que iría al baño, cuando llegué ahí, me senté en el piso a pensar en todo lo que me habría perdido y en lo extraño que era el hecho de que yo no lo notara. Me levanté del piso, me eché un poco de agua en la cara, me mire al espejo y me prometí dejar todo en el pasado, sali del baño y fui directo para mi habitación donde había mucha luz, nunca había visto tanta luz, en mi cuarto siempre parecía estar oscuro, pero sabía que había vivido una simulación aca en esta habitación por todo un año, mire esa cama donde estaba acostada, por tanto tiempo, la mesa llena de cartas y cuando me acerque a la cama me di cuenta que había un papel, extraño entre las sábanas, cuando lo saque era el lienzo que Hunti me había dado, tenía esa cinta roja, lo tome y lo guarde en un cofre que tenía en el armario, decidí dejar todo en el pasado ya había perdido mucho, quería continuar con mi vida.

Después de todo eso llegó el nacimiento de mi hermanito, fue un hermoso varón, nació muy saludable, lo llamaron Angelo Varnoc. Desde entonces mi familia cambió mucho, mi padre estaba muy feliz, amaba a mi hermano y me amaba a mi, había cambiado por completo su actitud, mi madre se veía alegre ante la presencia de mi padre, todos los resentimientos habían quedado en el pasado, era la familia perfecta, yo nunca mas volvi a pensar en ese año tan oscuro, lo cual cuando lo pienso es extraño, es como si todos los recuerdos de aquellos años se hubieran borrado. Al poco tiempo empecé a estudiar, no me fue difícil adaptarme, después de todo, antes que pasara lo que aquí he narrado yo ya era una muy buena estudiante así que no tardé en destacarme.

Epílogo

Fue en 1980 donde empezó mi verdadera pesadilla, mi hermano Agelo había tenido un accidente, estaba en el hospital, yo recibí la llamada de mi madre, mientras me encontraba en casa descansando, ella estaba realmente preocupada por mi hermano, yo le dije que se calmara, que me contara lo qué había pasado, a lo que me contestó: "Tiene los mismos síntomas que tu tuviste en el pasado", me quedé sin aliento, de repente todos esos recuerdos que se habían esfumado volvieron a mi mente, estaba completamente asustada, acaso era posible que mi hermano de tan solo dieciocho años estuviera estuviera pasando por el mismo infierno que yo había pasado, no lo podía creer y le dije a mi madre que iba en camino. Estaba en mi casa y salí corriendo para el hospital, solo recuerdo que tomé mi bolso, las llaves del carro y llegué lo más pronto posible, y los vi, ahí estaban mis padres llorando desconsolados, era una escena trágica que me recordaba la imagen de ellos en mi cuarto. Les pregunté por el médico a cargo de mi hermano, al poco tiempo salió el doctor a decirnos lo mismo que les dijeron cuando yo entre en coma, mi madre no podía creer que otra vez estuviera pasando eso, en cuanto a mí, la desesperación se apoderó de mí porque sabía a lo que se enfrentaba mi hermano, pero no sabia que hacer, sin embargo, casi como un rayo de luz me llegó el recuerdo de ese viejo lienzo que Hunti me había dado, les dije a mis padres que tenía que irme inmediatamente porque había olvidado cerrar la llave del gas.

Mientras manejaba intentaba recordar dónde había guardado ese lienzo, cuando llegue a mi casa empecé a revolcar todo, sin tener idea de donde estaba, pero recordé el cofre así corrí a mi habitación, saque todo lo del armario y ahí estaba.

Lo abrí, saqué el lienzo, note que el papel estaba intacto, le quite la cinta roja que lo cubría y cuando lo desenrolle lo primero que note es que no había nada, me senté en la cama desconcertada y empecé a pensar tratando de recordar las palabras de Hunti.

"Este lienzo te mostrará quién es el siguiente jugador, puede mostrarte más si así lo deseas pero se cuidadosa y celosa muchas personas desearían tener ese lienzo, no es un simple papel guarda grandes secretos, escóndelo y se muy precavida para usarlo, pocas personas saben del verdadero poder que hoy te entrego en tus manos", con estas palabras en mi mente, reflexione por unos minutos, tome el lienzo con mis dos manos lo estire un poco y dije: "Muéstrame el siguiente jugador", en la mitad del lienzo empezaron a aparecer trazos de tinta que fueron formando el nombre de Angelo Varnoc, solté el lienzo y respire profundamente, todas mis sospechas estaban confirmadas, mi vida se estaba desmoronando de nuevo, ¿Por que mi familia tenía que pasar por todo esto de nuevo?, en ese instante supe que no tenía más opción, no podría esconderme de mi pasado si quería salvar a mi hermano, así que no lo dudé ni por un segundo, era tiempo de volver a luchar.

"Tal vez me enfrente a la magia maldita de este mundo con secretos escondidos, pero prefiero morir en el intento ... Prefiero morir y no ver morir a mi hermano, iré por ti y por toda la verdad que esconde ese libro rojo".